中等职业教育会计专业创新教材

会计综合实训

主　编　黄宗玲　瞿　红　刀文荣
副主编　甘　信　叶　茂　肖　玲
参　编　吴银春　熊小平　刘晓丽

重庆大学出版社

图书在版编目(CIP)数据

会计综合实训 / 黄宗玲,瞿红,刁文荣主编. -- 重
庆:重庆大学出版社,2020. 3
中等职业教育会计专业创新教材
ISBN 978-7-5689-1922-7

Ⅰ. ①会… Ⅱ. ①黄…②瞿…③刁… Ⅲ. ①会计学
—中等专业学校—教材 Ⅳ. ①F230

中国版本图书馆 CIP 数据核字(2019)第 288032 号

中等职业教育会计专业创新教材
会计综合实训
KUAIJI ZONGHE SHIXUN
主 编 黄宗玲 瞿 红 刁文荣
责任编辑:章 可 版式设计:张 晗
责任校对:万清菊 责任印制:赵 晟

*

重庆大学出版社出版发行
出版人:饶帮华
社址:重庆市沙坪坝区大学城西路 21 号
邮编:401331
电话:(023)88617190 88617185(中小学)
传真:(023)88617186 88617166
网址:http://www.cqup.com.cn
邮箱:fxk@ cqup.com.cn(营销中心)
全国新华书店经销
重庆紫石东南印务有限公司印刷

*

开本:787mm×1092mm 1/16 印张:10.5 字数:221千 插页:8 开1 页
2020 年 3 月第 1 版 2020 年 3 月第 1 次印刷
ISBN 978-7-5689-1922-7 定价:27.00 元

前　言

　　为满足中等职业学校财经类专业教学需要,根据《基础会计》等教材的内容,编者编写了本实训教材,目的是培养学生在财务工作中的实操能力和技能。本书在编写过程中按照实际工作岗位需要详细介绍了财经文员、出纳、会计和会计主管的岗位职责、权限、工作内容及对应的具体业务处理。

　　本书具有如下特点:

　　1.常见业务和非常见业务相结合。本书总体目标是针对会计工作能力的训练,将企业中筹集资金、准备生产、生产过程、销售过程、往来核算、财务成果的计算与分配、财产清查等常见业务和一些非常见业务涵盖其中,增强教学的实践性和职业性。

　　2.独立学习和团队学习相结合。本书的内容充分考虑中小企业岗位要求和分工,学生既可以分别挑战财经文员、出纳、会计、会计主管岗位的业务处理,满足学生对各财务岗位的学习,迎合企业需要,又可以实现团队学习,4人一组,同时挑战企业日常财务处理。

　　3.学习趣味性和分层教学相结合。本书在编写过程中,通过对学生的调查分析,将内容按照从初级岗位到高级岗位的结构进行编排,伴随从财经文员、出纳、会计到会计主管的职位升迁进行学习,增强学习的趣味性,教师也可在此过程中针对学生的学习情况分别指导,实现分层教学。

　　本书由重庆市九龙坡职业教育中心黄宗玲、瞿红、刁文荣任主编,甘信、叶茂、肖玲任副主编,参与本书编写的还有重庆市九龙坡职业教育中心熊小平、刘晓丽、吴银春。

　　本书由学校教师、行业人士倾力合作完成,尽管特色鲜明,但不足之处仍在所难免,恳请广大读者在使用过程中提出意见或建议,并及时反馈给我们,以便修订时完善。

编　者

2019 年 8 月

目　录

第一话　入职培训

第一节　求职面试　　　　　　　　　　　　　　2

一、招聘信息 ………………………………… 2

二、招聘结果 ………………………………… 3

第二节　岗前培训　　　　　　　　　　　　　　3

一、认识企业 ………………………………… 3

二、岗位职责 ………………………………… 5

三、礼仪要求 ………………………………… 6

第二话　菜鸟文员

第一节　岗位介绍　　　　　　　　　　　　　　8

一、财经文员的权限 ………………………… 8

二、财经文员的工作内容 …………………… 8

第二节　日常业务处理　　　　　　　　　　　　9

第三话　学童出纳

第一节　岗位介绍　16

一、出纳的权限 ·················· 16

二、出纳的工作内容 ·················· 16

三、货币资金的相关内容 ·················· 17

第二节　日常业务处理　17

第四话　学霸会计

第一节　岗位介绍　34

一、会计的权限 ·················· 34

二、会计的工作内容 ·················· 34

第二节　原始凭证的审核　34

一、审核内容 ·················· 35

二、审核结果处理 ·················· 35

第三节　日常业务处理　37

第四节　建账和登账　73

一、账簿设置要求 ·················· 73

二、登账依据及原则 ·················· 73

三、建账和登账 ·················· 74

第五节　科目汇总表　132

一、编制程序 ·················· 132

二、科目汇总表的编制 ·················· 132

第六节　对账和结账　137

一、对账 ·················· 137

二、结账 ·················· 138

三、对账和结账 ……………………………………………………… 139

第五话　达人主管

第一节　岗位介绍 142

一、会计主管的权限 …………………………………………… 142

二、会计主管的工作内容 ……………………………………… 142

第二节　记账凭证的审核 142

一、审核内容 …………………………………………………… 142

二、审核结果处理 ……………………………………………… 143

第三节　财务报表 146

一、资产负债表 ………………………………………………… 146

二、利润表 ……………………………………………………… 148

第四节　纳税申报 149

一、增值税纳税申报 …………………………………………… 149

二、企业所得税纳税申报 ……………………………………… 154

第一话
入职培训

第一节　求职面试

一、招聘信息

2018 年 12 月九龙家具有限公司招聘财务人员。

1.招聘岗位:会计主管 1 人、会计 1 人、出纳 1 人、财经文员 1 人。

2.招聘条件:

基本条件:

(1)18~45 周岁,中专及以上学历。

(2)服从工作安排,爱岗敬业、吃苦耐劳,适应团队合作,具备良好的沟通协调能力。

(3)能熟练运用办公软件 Word、Excel 等,有相关职业资格等级证书者优先。

岗位条件:

(1)会计主管岗位要求掌握一般会计账务处理,具备报表编制能力,对国家税务政策的相关知识比较熟悉,具有一定的管理和统筹能力。

(2)会计岗位要求掌握一般会计账务处理,具备报表编制能力,能熟练操作用友 T3、U10 等专业财务软件。

(3)出纳岗位要求熟悉各项银行业务办理流程,具备日常现金管理、银行收支、核算、票据审核的知识和能力。

(4)财经文员岗位要求普通话水平达到二级,熟悉工商部门、税务部门、银行的业务办理流程和档案装订管理,具备良好的文书书写能力。

3.薪资待遇:签订劳动合同后,工资 4 000~7 000 元/月。其中,基本工资 3 000 元/月;岗位工资:会计主管 4 000 元/月,会计 3 000 元/月,出纳 2 000元/月,财经文员 1 000 元/月。

4.试用期一个月(2019 年 1 月),入职需进行岗前培训,合格后即可签订劳动合同,正式确立劳动关系,完善聘用手续。试用期工资 3 000~3 500 元/月。其中,基本工资 2 000 元/月,岗位工资:会计主管 1 500 元/月,会计 1 000元/月,出纳 1 000 元/月,财经文员 1 000 元/月。

5.正式入职后,单位每月进行岗位业务处理能力考核。财务人员可根据自身情况报考会计主管、会计、出纳、财经文员任一岗位,择优录取,通过后即可享受新岗位待遇,并履行相应岗位职责。

二、招聘结果

单位人事部门公布招聘名单：

会计主管：黄林；

会计：甘静；

出纳：瞿颜；

财经文员：方淼。

以上人员均已签订试用期合同。

第二节　岗前培训

一、认识企业

1.九龙家具有限公司是一家从事家具生产及销售的企业，该公司主营业务为实木床，实木床以实木板、油漆等作为主要原材料。

2.该企业为增值税一般纳税人，增值税税率为16%，所得税税率为25%，运费发票按10%计算可抵扣增值税。按净利润的10%提取法定盈余公积，按净利润的45%向投资者分配利润。

3.该企业注册资本为300万元（其中，甘锦金、段非各占50%）。

基本存款户：重庆农村商业银行九龙坡支行；

账号：03-74936；

临时存款户：中国建设银行石桥铺支行；

账号：35325856；

纳税识别号：3235196；

法定代表人：甘锦金；

企业地址：重庆市九龙坡区科园路12号；

办公电话：023-777777；

会计主管：黄林；

出纳：瞿颜；

会计：甘静；

保管员：叶子。

4.出纳基本信息。

姓名：瞿颜；

身份证号：500107199011118465；

发证机关：重庆市公安局九龙坡分局；

联系电话:023-65657878;

家庭地址:重庆市九龙坡区科园路106号。

5.存货发出采用先进先出法;税款计提时间为当月月末,次月缴纳。

6.2019年1月1日各账户余额如下:

会计科目及期初余额表
2019年1月1日

科目编码	科目名称	期初借方余额	期初贷方余额
1001	库存现金	1 200.00	
1002	银行存款	1 515 868.24	
100201	农商行	1 515 868.24	
1012	其他货币资金	35 000.00	
101202	存出投资款	35 000.00	
1122	应收账款	46 400.00	
112201	美南家具有限公司	46 400.00	
1231	其他应收款	109 050.00	
123101	应收个人款	4 050.00	
123102	应收个人社会保险费	42 000.00	
123103	应收个人住房公积金	63 000.00	
1403	原材料	996 600.00	
140301	实木板	984 000.00	
140302	油漆	12 600.00	
1406	库存商品	675 000.00	
140601	实木床	675 000.00	
1601	固定资产	809 000.00	
1602	累计折旧		21 530.20
1701	无形资产	230 000.00	
2001	短期借款		1 000 000.00
2202	应付账款		962.80
220201	重庆水务有限公司		382.80
220202	重庆电力股份有限公司		580.00
2211	应付职工薪酬		56 300.00
221101	工资		56 300.00
2221	应交税费		276 723.00
222102	未交增值税		220 000.00
222106	应交个人所得税		723.00
222105	应交所得税		56 000.00
4001	实收资本		3 000 000.00
400101	甘锦金		1 500 000.00
400202	段非		1 500 000.00
4002	资本公积		50 000.00
4101	盈余公积		8 752.12
4104	利润分配		3 850.12
410415	未分配利润		3 850.12
5001	生产成本		
500101	基本生产成本		
500102	辅助生产成本		
5101	制造费用		
6001	主营业务收入		
600101	实木床		
6401	主营业务成本		
640101	实木床		
6601	销售费用		
6602	管理费用		
总计		4 418 118.24	4 418 118.24

图 1-1

4

存货明细科目余额

项目	方向	余额
实木板	借	数量:12 000 平方米
		单价:82 元/平方米
		金额:984 000.00 元
油漆	借	数量:300 桶
		单价:42 元/桶
		金额:12 600.00 元
实木床	借	数量:500 套
		单价:1 350 元/套
		金额:675 000.00 元

图 1-2

二、岗位职责

（一）财经文员岗位

财经文员的职责包括：

1.登记往来客户信息,完成部门接待工作。

2.办理涉及工商、税务、银行等的日常业务。

3.完成会计档案资料装订、建档、归档等工作。

4.完成日常文书的书写。

5.协助部门领导,拟订工作日程和规章制度。

（二）出纳岗位

出纳是财务工作的主要环节,涉及的是现金收付、银行结算等活动,其职责包括:

1.负责保管库存现金、有价证券以及银行存款,其账面记录和相应的实物必须相符。

2.负责保管有关印鉴、银行票据和结算凭证,如财务专用章、收据、发票、支票、汇票、汇兑等。

3.遵守各项收支标准,在业务收支范围内办理现金收付款业务和银行存款结算业务。

4.负责登记现金、银行存款日记账,做到序时登记、日清月结、账实相符。

（三）会计岗位

根据《会计人员职权条例》的规定,会计人员的职责包括:

1.按照《中华人民共和国会计法》的有关规定,进行会计核算,实行会计监督。

2.拟订本单位办理会计事务的具体办法。

3.参与拟订经济计划、业务计划,考核分析预算和财务收支计划的执行情况。

4.办理其他会计业务或事项。

5.妥善保管凭证、账簿、报表等会计档案资料。

（四）会计主管岗位

会计主管的职责包括：

1.遵守国家法律法规,组织制订企业财务制度。

2.编制本单位资金的筹集计划和使用计划,并组织实施。

3.遵守国家税法的相关规定,及时申报、缴纳各种税费。

4.组织分析活动,参与经营决策。

5.参与审查合同,维护企业利益。

6.提出财务报告,汇报财务工作。

7.组织会计人员学习,考核调配人员。

三、礼仪要求

（一）仪容要求

仪容包括面容、发型,要求员工面容干净、自然,可化淡妆,发型应与其整体形象搭配。

（二）仪表要求

仪表主要包括服饰和装饰两个方面,统称为着装。着装应遵循时间、场合、目的的原则,注重整体协调。在正式场合下,男士应着西装,女士应着职业套裙或者裤式套装。

（三）仪态要求

仪态主要包括姿态和表情两个方面,要求站如松、坐如钟、行如风,谈吐大方、得体。

切忌在职场交往中大笑、讥笑、嘲笑、冷笑等,要保持笑容真诚。

第二话
菜鸟文员

第一节　岗位介绍

一、财经文员的权限

1. 维护财经纪律,执行单位财会制度,维护良好的客情关系和单位形象。

2. 办理工商、税务、银行登记、变更和注销的权力。

3. 装订与管理会计档案资料的权力。

二、财经文员的工作内容

(一)接待业务

1. 登记来访客户信息,做好接待工作。其具体包括来访时间、客户名称、来访目的、联系电话等,做好客户的基本信息登记工作,维护良好的客情关系。

2. 联系拜访客户。拜访前,由财经文员联系被拜访单位,接洽拜访事宜,如拜访时间、拜访人员及职位、拜访目的等。

3. 接听、拨打电话,做好通话内容记录。对紧急、特殊事项,应及时上报相关领导,对未接听到的电话做回访。

(二)工商、税务、银行业务

1. 办理工商登记,包括营业执照年审、变更和注销等。

2. 办理税务登记,包括开立、变更、注销等。

3. 办理银行账户开户、变更、注销。

(三)档案管理

1. 完成会计档案资料的装订。

2. 归档,所有归档的会计资料均应记录在册。

3. 建立电子档案。

4. 办理档案移交手续,组织移交档案。会计档案在会计部门保管 1 年后,移交单位档案管理部门。

(四)其他业务

1. 文书处理。

2. 财经应用文写作。

3. 拟订工作日程安排。

4. 协助部门领导,办理其他业务。

第二节　日常业务处理

情境 1　九龙家具有限公司 2019 年 1 月财务部事务：

（1）部门会议 4 次；

（2）上级部门检查 2 次；

（3）会计主管出差开会 3 次；

（4）部门聚餐 1 次；

（5）银行外联；

（6）供应商对账。

要求：请根据上述资料，在下框中拟订部门工作日程安排，并做好相关接待工作。

情境2　2019年1月1日,向美南家具有限公司发对账函。

要求:在下框中,完成与美南家具有限公司核对往来账款余额对账函。

情境3　2019年1月28日,九龙家具有限公司法人甘锦金任职期满,决定任段非为该单位法人。

要求:请准备相关资料,完成以下证件的更换。

重庆农村商业银行印鉴卡

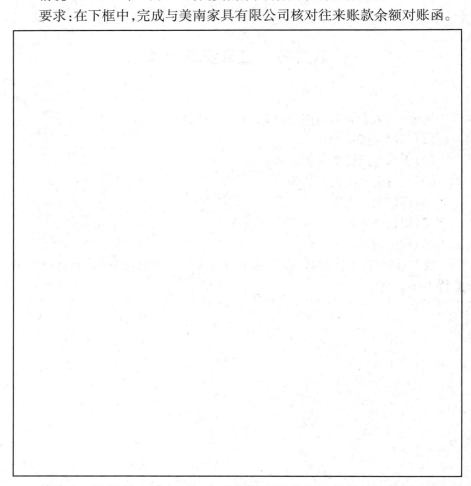

No：2535665651

户　　　名	九龙家具有限公司	账　　　号	03-74936
地　　　址	重庆市九龙坡区科园路12号	币　　　种	人民币
联　系　人	何欢	账户性质	基本户
联系电话	023-777777	是否通兑	□ 通兑　　□ 不通兑

图 2-1

中国建设银行印鉴卡

No：3635352421

户　　名	九龙家具有限公司	账　　号	35325856
地　　址	重庆市九龙坡区科园路12号	币　　种	人民币
联 系 人	何欢	账户性质	临时户
联系电话	023-777777	是否通兑	□ 通兑　　□ 不通兑

预留银行签章式样		使用说明	
		启用日期 2018 年 08 月 28 日	
		注销日期　　年　　月　　日	

图 2-2

开户许可证

核准号：J45411001712901　　　　编　号：4510-02526532

　　经审核， 九龙家具有限公司 **符合开户条件，准予开立基本存款账户。**

法定代表人（单位负责人） 甘锦金　　**开户银行** 重庆农村商业银行九龙坡支行

账　　号 03-74936

发证机关（盖章）

2018年1月31日

图 2-3

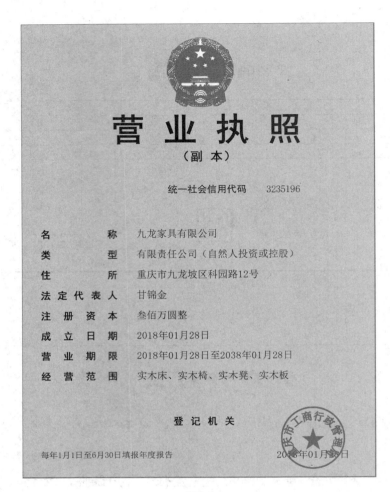

图 2-4

情境4 完成 2019 年 1 月九龙家具有限公司会计档案装订、建档、归档。

启用日期		会计档案（凭证）			
年 月	立档单位				
凭证册数 共 册 第 册	凭证类别	□ 收款凭证 □ 付款凭证 □ 转账凭证 □ 通用凭证			
凭证编号 自 号 到 号	起止日期	自 年 月 日 至 年 月 日			
全宗号	凭证册数	本月共 册 本册是第 册			
目录号	凭证号数	本月共 号 本册自第 号至第 号			
案卷号	附注				
保管年限 年	全宗号	目录号	案卷号	保管号	
	财务主管 会计	装订人	保管年限 年		

图 2-5

抽　出　凭　证　登　记

抽出日期	抽出凭证详细信息	抽出理由	抽取人盖章	会计主管盖章	归还日期	备注

图 2-6

第三话

学童出纳

第一节　岗位介绍

一、出纳的权限

根据《中华人民共和国会计法》《会计基础工作规范》等规章制度,出纳人员具有以下权限:

1.维护财经纪律,执行财会制度,抵制不合法的收支和弄虚作假行为。

2.参与货币资金计划定额管理的权力。

3.管理与使用货币资金的权力。

二、出纳的工作内容

(一)货币资金核算

1.办理现金收付,严格按规定收付款项。

2.办理各种银行结算,规范使用票据,禁止签发空白票据和空头支票。

3.根据已经办理完毕的会计凭证,序时登记现金日记账和银行存款日记账,并结出余额,保证日清月结。

4.妥善保管现金、有价证券、票据和印鉴等,确保其安全和完整。

(二)往来款项结算

1.办理往来结算,建立清算制度。

2.管理企业备用金。

(三)工资结算

1.根据批准的工资计划,会同单位人事部门,严格按照规定掌握工资薪金的支付,执行工资计划。

2.办理代扣款项(包括缴纳个人所得税、社会保险等),发放工资奖金等。

3.与银行核对工资发放情况,会同人事部等部门协助解决工资发放失败的问题,最后将工资发放数据、相关单据等提供给相关部门和人员。

(四)货币资金监督

依据国家有关的法律法规和企业的规章制度,在维护财经纪律、执行会计制度的工作权限内,坚决抵制不合法的收支和弄虚作假的行为,严格办理现金和银行存款各项业务,拒绝办理一切违反规定的业务,保证出纳工作的合法性、合理性,保护单位经济利益不受侵害。

三、货币资金的相关内容

货币资金主要包括库存现金、银行存款和其他货币资金,是流动性最强的资产。

库存现金是指存放于企业财务部门,由出纳人员保管的,用于日常开支的资金。

银行存款是指企业存放于银行或其他金融机构的货币资金。

其他货币资金是指除库存现金、银行存款以外的其他各种货币资金,主要包括外埠存款、银行汇票存款、银行本票存款、信用卡存款、信用证保证金存款和存出投资款等。

第二节 日常业务处理

情境 1 2019 年 1 月 1 日,出租房屋一套,收到租金、押金共 4 000 元。

房屋租赁合同

合同编号:03001002

承租单位(甲方):南方家具有限责任公司

出租单位(乙方):九龙家具有限公司

根据《中华人民共和国合同法》及国家相关法律、法规的规定,甲乙双方本着平等互利的原则,就甲方承租乙方房屋一事达成以下协议。

一、租赁期限

(一)房屋租赁期自 2019 年 1 月 1 日至 2019 年 12 月 31 日,共计 12 个月。

(二)租赁期满或合同解除后,乙方有权收回房屋,甲方应于 2020 年 1 月 15 日将房屋返还乙方。

(三)甲方继续承租的,应提前一个月向乙方提出续租要求,协商一致后双方重新签订房屋租赁合同。

二、租金及押金

(一)租金标准:月付(每月 2 000 元),房屋押金(12 个月,共 2 000 元),待合同期满或特殊情况导致的合同结束,甲方退租后返还押金。

(二)支付方式:租金、押金支持现金方式,每月 2 日前一个礼拜支付下一月租金。

三、未尽事宜经双方协商可签补充协议,与本合同具有同等效力。

四、本合同自双方签字、盖章之日起生效;本合同一式贰份,甲乙双方各执壹份。

甲方(签章) 乙方(签章)

授权代表: 韩寒 授权代表: 范俊

地　　址:重庆市南岸区学府路 2 号 地　　址:重庆市九龙坡区科园路 12 号

电　　话:023-96969 电　　话:023-77777

日　　期:2019 年 1 月 1 日 日　　期:2019 年 1 月 1 日

图 3-1

九龙家具有限公司收据   <u>No</u>: 000301

年　　月　　日

今收到＿＿＿＿＿＿＿＿＿＿	
人民币＿＿＿＿＿＿＿＿＿＿	￥＿＿＿＿＿
事由＿＿＿＿＿＿＿＿＿＿＿	

第二联记账联

单位盖章　　　　　　会计　　　　　　出纳　　　　　　收款人

图 3-2

记账凭证

年　　月　　日　　　　　　　　字第　　号

摘要	总账科目	明细科目	借方金额 百 十 万 千 百 十 元 角 分	贷方金额 百 十 万 千 百 十 元 角 分	✓
附件　张	合 计 金 额				

会计主管　　　　　　会计　　　　　　出纳　　　　　　制单

图 3-3

现金日记账

单位：元

年 月	日	凭证号	摘　要	对方科目	借方	贷方	方向	余额

图 3-4

情境 2　2019 年 1 月 2 日，取备用金 1 000 元。

重庆农村商业银行 现金支票存根	重庆农村商业银行　现金支票
支票号码：153658301 出票日期：　年　月　日	出票日期（大写）　年　月　日　　支票号码：153658301 付款行名称：农商行九龙坡支行 收款人：　　出票人账号：
收款人： 金　额： 用　途：	人民币（大写）　万 千 百 十 元 角 分 用途　　密码
单位主管　　会计	上列款项请从我账户内支付　　复核　　记账 出票人签章

图 3-5

附加信息：		（贴粘单处）	根据《中华人民共和国票据法》等法律法规的规定，签发空头支票由中国人民银行处以票面金额 5%但不低于 1 000 元的罚款。
	收款人签章 年　月　日		
	身份证件名称：　　发证机关：		
	号码		

图 3-6

记账凭证

年　月　日　　　　字第　号

摘要	总账科目	明细科目	借方金额									贷方金额									√
			百	十	万	千	百	十	元	角	分	百	十	万	千	百	十	元	角	分	
附件　张	合计金额																				

会计主管　　会计　　出纳　　制单

图 3-7

现金日记账

单位：元

年		凭证号	摘　要	对方科目	借方	贷方	方向	余额
月	日							

图 3-8

银 行 日 记 账

年		凭证编号	摘　要	借方金额	贷方金额	借或贷	余额	√
月	日							

图 3-9

情境 3　2019 年 1 月 15 日,将多余现金 2 000 元存入银行。(100 元 15 张,50 元 10 张)

正面

重庆农村商业银行 现金缴款单

年 月 日

客户填写	收款单位	全　称			账　号												附件
		款项来源			币　种												
	金额	大写			千	百	十	万	千	百	十	元	角	分			
	银行记录																张

主管：　　　　　　复核：　　　　　　经办：

图 3-10

背面

存 款 人 姓 名	
证 件 名 称	
证 件 号 码	
发 证 机 关	
现 住 址	
联 系 电 话	

券　别	100	50	20	10	5	2	1	辅币
张　数								

图 3-11

记账凭证

年 月 日　　　　　　　　字第 号

摘要	总账科目	明细科目	借方金额								贷方金额								√
			百	十	万	千	百	十	元	角	分	百	十	万	千	百	十	元	角	分	
附件　张		合 计 金 额																			

会计主管　　　　　　会计　　　　　出纳　　　　　制单

图 3-12

现金日记账

单位：元

年		凭证号	摘　要	对方科目	借方	贷方	方向	余额
月	日							

图 3-13

银 行 日 记 账

年		凭证编号	摘　要	借方金额	贷方金额	借或贷	余额	√
月	日							

图 3-14

情境4　2019年1月16日，向中国建设银行申请签发银行汇票。（收款人：广东利源木材工业公司；收款人账号：18722683058）

中国建设银行
汇票申请书（存根）　　1

第01201号

申请日期　　　年　　月　　日

申请人		收款人	
账号或地址		账号或地址	
用途		代理付款行	

汇票金额	人民币（大写）		千	百	十	万	千	百	十	元	角	分

上列款项请从我账户内支付

科　目（借）＿＿＿＿＿＿＿＿

对方科目（贷）＿＿＿＿＿＿＿

申请人盖章　　　　　　　　　　　财务主管　　复核　　经办

此联出票行给汇款人的回单

图 3-15

记账凭证

年　　月　　日　　　　　　　字第　　号

摘要	总账科目	明细科目	借方金额										贷方金额										√
			百	十	万	千	百	十	元	角	分	百	十	万	千	百	十	元	角	分	
附件　　张	合　计　金　额																				

会计主管　　　　　　　会计　　　　　　出纳　　　　　　制单

图 3-16

银行日记账

年 月	日	凭证编号	摘　　要	借方金额	贷方金额	借或贷	余　　额	√

图 3-17

情境 5　2019 年 1 月 20 日,向广东利源木材工业公司采购一批材料,并以本月 16 日申请的银行汇票结算材料款。

1100160141	广东省增值税专用发票				No 70704120			
					开票日期: 2019年1月20日			

购买方	名　　称: 九龙家具有限公司 纳税人识别号: 3235196 地　址、电话: 重庆市九龙坡区科园路12号023-777777 开户行及账号: 重庆农村商业银行九龙坡支行03-74936			密码区			

货物或应税劳务、服务名称	规格型号	单位	数量	单价	金额	税率	税额
木条		根	2 000	16	32 000.00	16%	5 120.00
木板		块	1 000	65	65 000.00	16%	10 400.00
合计					¥ 97 000.00		¥ 15 520.00

价税合计大写（人民币）: 壹拾壹万贰仟伍佰贰拾元整	小写:¥112 520.00

销售方	名　　称: 广东利源木材工业公司 纳税人识别号: 4408063 地　址、电话: 梅州市梅江路5号, 0753-8835542 开户行及账号: 中行梅江支行, 18722683058	备注

收款人: 张泽林　　　复核: 李丽华　　　　　开票人: 陈红

图 3-18

入　　库　　单

单位: 九龙家具有限公司　　　　　2019　年 1 月 20 日　　　　No 00563289

编号	品名	规格	单位	送验数量	实收数量	单价	金额	备注
	木条		根	2 000	2 000		320 000.00	
	木板		块	1 000	1 000		650 000.00	
				仓库保管员专用章				

制单（保管）: 叶子　　　　负责人:　　　　　业务: 赵玲　　　　财务:

图 3-19

记账凭证

年　　月　　日　　　　　　　　　字第　　号

摘要	总账科目	明细科目	借方金额									贷方金额									√
			百	十	万	千	百	十	元	角	分	百	十	万	千	百	十	元	角	分	
附件　　张		合计金额																			

会计主管　　　　　会计　　　　　出纳　　　　　制单

图 3-20

情境6 2019 年 1 月 22 日,向松立科技有限公司购买惠普笔记本电脑一台。

重庆市增值税专用发票						No 72889526		
1102010202						开票日期:2019年1月22日		

购买方	名　称: 九龙家具有限公司 纳税人识别号: 3235196 地址、电话: 重庆市九龙坡区科园路12号023-777777 开户行及账号: 重庆农村商业银行九龙坡支行03-74936					密码区		
货物或应税劳务、服务名称	规格型号	单位	数量	单价	金额	税率	税额	
惠普笔记本电脑	HP-1256	台	1	12 000.00	12 000.00	16%	1 920.00	
合　计					￥12 000.00		￥1 920.00	
价税合计(大写)	人民币壹万叁仟玖佰贰拾元整				￥13 920.00			
销售方	名　称: 松立科技有限公司 纳税人识别号: 35666452 地址、电话: 重庆市江北区机场路22号023-06324225 开户行及账号: 中国银行江北支行765486765					备注		
收款人: 张青		复核: 王路		开票人: 张青		销售方(章)		

图 3-21

重庆农村商业银行 转账支票存根 **31558780** 90010001 附加信息_____ 出票日期　年　月　日 收款人: 金　额: 用　途: 单位主管　　会计	重庆农村商业银行 **转账支票**　31558780 　　　　　　　　　　　　　　　　90010001 付款期限自出票之日起十天 出票日期(大写)　年　月　日　付款行名称:重庆农村商业银行九龙坡支行 收款人:　　　　　　　　　出票人账号: 人民币(大写)　　　　　　亿千百十万千百十元角分 用途_____　　　　　　密码_____ 上列款项请从　　　　　　行号 3146530000001 我账户内支付 出票人签章　　　　　　　复核　记账

图 3-22

重庆农村商业银行进 账 单(回 单) 1

年　月　日　　　　　　No 33566503

出票人	全　称		收款人	全　称												
	账　号			账　号												
	开户银行			开户银行												
金额	人民币 (大写)				亿	千	百	十	万	千	百	十	元	角	分	
票据种类		票据张数														
票据号码																
复核　　记账								开户银行签章								

图 3-23

记账凭证

年　　月　　日　　　　　　　　　　　　　　　字第　　号

摘　要	总账科目	明细科目	借方金额									贷方金额									√
			百	十	万	千	百	十	元	角	分	百	十	万	千	百	十	元	角	分	
附件　　张		合 计 金 额																			

会计主管　　　　　　　　会计　　　　　　　出纳　　　　　　　制单

图 3-24

银 行 日 记 账

年		凭证编号	摘　要	借方金额	贷方金额	借或贷	余额	√
月	日							

图 3-25

情境 7　2019 年 1 月 25 日,收到退回的银行汇票多余款。

中国建设银行

银行汇票（多余款收账通知）　　4　　汇票号码45689

付款期限 壹个月

出票日期 （大写）	贰零壹玖年零壹月贰拾伍日　　代理付款行：建行东环支行　　行号：01692									
收款人：广东利源木材工业公司　　账号：18722683058										
出票金额	人民币 （大写）	壹拾壹万伍仟陆佰元整								
实际结算金额	人民币 （大写）	壹拾壹万贰仟伍佰贰拾元整	千	百	十	万	千	百	十	元	角	分
			¥	1	1	2	5	2	0	0	0

申请人：九龙家具有限公司　　账号：06-93674

出票行：建行东环支行　　行号：01692

备注：支付采购材料款

	多余金额								
	千	百	十	万	千	百	十	元	角	分
				¥	3	0	8	0	0	0

中国建设银行
东环支行
2019.01.25
转讫

上述多余金额已存入你单位存款账户
复核　　记账

复核　　经办

图 3-26

记账凭证

年　　月　　日　　　　　　　　　字第　号

摘要	总账科目	明细科目	借方金额									贷方金额									√
			百	十	万	千	百	十	元	角	分	百	十	万	千	百	十	元	角	分	
附件　张	合 计 金 额																				

会计主管　　　　　　会计　　　　　　出纳　　　　　　制单

图 3-27

银行日记账

年		凭证编号	摘要	借方金额	贷方金额	借或贷	余额	√
月	日							

图 3-28

情境8　2019年1月31日,清查小组(白静、胡敏、江源)对九龙家具有限公司现金进行盘点:100元面值10张,50元面值2张,10元面值5张,5元面值10张,1元面值5张。盘查结果发现现金短缺45元,原因是出纳员瞿颜工作疏忽,单位负责人签署意见:应由当事人赔偿。

现金日记账

单位:元

2019年		凭证号	摘要	对方科目	借方	贷方	借/贷	余额
月	日							
			承前页		15 000	20 000	借	1 500
1	1	记字1号	出售报纸	其他业务收入	200		借	1 700
1	2	记字2号	取备用金	银行存款	2 000		借	3 700
1	2	记字3号	发放困难补助	应付职工薪酬		800	借	2 900
1	6	记字4号	预借差旅费	其他应收款		600	借	2 300
1	28	记字5号	余款进行	银行存款		2 000	借	300
1	28	记字6号	取备用金	银行存款	1 000		借	1 300

图 3-29

库存现金盘点表

单位名称:　　　　　　　　　　　　　　　　　盘点日期:　年　月　日

现金清点情况			账目核对	
面额	张数	金额	项目	金额
100元			盘点日账户余额	
50元			加:收入未入账	
20元				
10元			加:未填凭证收款据	
5元				
2元				
1元			减:付出凭证未入账	
5角			减:未填凭证付款据	
2角				
1角				
5分			调整后现金余额	
2分			实点现金	
1分			长款	
合　计			短款	
调整事项处理意见:				
盘点人:　　　　　　出纳员:　　　　　　主管会计:				
单位负责人:　　　　结果处理意见:				

图 3-30

记账凭证

年　　月　　日　　　　　　　　　　　　　　字第　　号

摘要	总账科目	明细科目	借方金额									贷方金额									√
			百	十	万	千	百	十	元	角	分	百	十	万	千	百	十	元	角	分	
附件　　张		合计金额																			

会计主管　　　　　　　会计　　　　　　　出纳　　　　　　制单

图 3-31

记账凭证

年　　月　　日　　　　　　　　　　　　　　字第　　号

摘要	总账科目	明细科目	借方金额									贷方金额									√
			百	十	万	千	百	十	元	角	分	百	十	万	千	百	十	元	角	分	
附件　　张		合计金额																			

会计主管　　　　　　　会计　　　　　　　出纳　　　　　　制单

图 3-32

记账凭证

年　　月　　日　　　　　　　　　　　　　　字第　　号

摘要	总账科目	明细科目	借方金额									贷方金额									√
			百	十	万	千	百	十	元	角	分	百	十	万	千	百	十	元	角	分	
附件　　张		合计金额																			

会计主管　　　　　　　会计　　　　　　　出纳　　　　　　制单

图 3-33

现金日记账

单位：元

年		凭证号	摘要	对方科目	借方	贷方	方向	余额
月	日							

图 3-34

情境 9 九龙家具有限公司 2019 年 1 月 31 日银行存款日记账和银行对账单有关资料如下所示。

银 行 日 记 账

2019年		凭证编号	摘要	借方金额	贷方金额	借或贷	余额	√
月	日							
1	1		上年结转			借	112 500.00	
1	1	记-2	付工本费、手续费		105.00	借	112 395.00	
1	10	记-6	付工本费、手续费		35.00	借	112 360.00	
1	11	记-7	销售产品	1 392 000.00		借	1 504 360.00	
1	12	记-8	接受捐赠	100 000.00		借	1 604 360.00	
1	13	记-9	预收货款	68 000.00		借	1 672 360.00	
1	15	记-10	余款存行	2 000.00		借	1 674 360.00	
1	16	记-11	购买材料		39 440.00	借	1 634 920.00	
1	17	记-12	发工资		102 282.20	借	1 532 637.80	
1	21	记-14	水电费代扣		19 240.00	借	1 513 397.80	
1	22	记-15	买惠普笔记本电脑		13 920.00	借	1 499 477.80	
1	23	记-16	预付实木板款		35 000.00	借	1 464 477.80	
1	31		本月合计	1 562 000.00	210 022.20	借	1 464 477.80	

图 3-35

银 行 对 账 单

打印日期：20190201 　　　　　币种：人民币　　第1页　共1页

账号：03-74936

账户名称：九龙家具有限公司

起始日期：20190101　　　　　　　终止日期：20190131

交易日期	摘要	借方发生额	贷方发生额	账户余额
20190101	付工本费、手续费	105.00		112 395.00
20190110	付工本费、手续费	35.00		112 360.00
20190111	销售产品		1 392 000.00	1 504 360.00
20190112	接受捐赠		100 000.00	1 604 360.00
20190113	预收货款		68 000.00	1 672 360.00
20190115	余款存行		2 000.00	1 674 360.00
20190116	购买材料	39 440.00		1 634 920.00
20190117	发工资	102 282.20		1 532 637.80
20190121	水电费代扣	19 240.00		1 513 397.80
20190122	买惠普笔记本电脑	13 920.00		1 499 477.80
20190123	预付实木板款	35 000.00		1 464 477.80
20190130	个税代扣	478.20		1 463 999.60
20190131	代收货款		116 000.00	1 579 999.60

借方合计笔数：　　　8笔　　　借方合计金额：　　210 500.40　元

贷方合计笔数：　　　5笔　　　贷方合计金额：　1 678 000.00　元

打印完毕

（印章：重庆农村商业银行 九龙坡支行 2019-02-01 业务办讫）

图 3-36

银行余额调节表

户名：　　　　　　　　　　　日期：

账号：　　　　　　　　　　　开户行：

单位存款账面余额			银行对账单余额			
加：银行已收单位未收的款项			**加：单位已收银行未收的款项**			
日期	金额	摘要	日期	凭证号	金额	摘要
合计			合计			
减：银行已付单位未付的款项			**减：单位已付银行未付的款项**			
日期	金额	摘要	日期	凭证号	金额	摘要
合计			合计			
调整后余额			调整后余额			

审核人：　　　　　　　　　　　　制表人：

图 3-37

第四话

学霸会计

第一节　岗位介绍

一、会计的权限

1.有权要求本单位有关部门、人员遵守国家财经纪律和规章制度。

2.有权参与本单位编制计划、制订定额、签订经济合同及有关业务会议。

3.有权监督、检查本单位有关部门的财务收支、资金使用和财产保管、收支、计量、检查等情况。

二、会计的工作内容

1.审核原始凭证，并根据审核无误的原始凭证，编制记账凭证。

2.月末计提、摊销、结转记账凭证。

3.审核记账凭证。

4.根据单位情况建立账簿。

5.根据审核无误的记账凭证登记明细分类账和辅助账。

6.对所有记账凭证进行汇总，编制记账凭证汇总表，根据记账凭证汇总表登记总账。

7.对账和结账。

第二节　原始凭证的审核

会计凭证是指记录经济业务发生或者完成情况的书面证明，是登记账簿的依据。按其编制程序和用途的不同，会计凭证分为原始凭证和记账凭证。

原始凭证是记录经济业务发生、执行或完成，用以明确经济责任，作为记账依据的最初书面证明文件。原始凭证的真实、合法、完整是整个会计核算体系的基础，是会计人员填制记账凭证的依据。因此，会计机构、会计人员按照国家统一的会计制度对原始凭证进行审查与核实是会计核算必不可少的一道程序。

一、审核内容

（一）真实性审核

审核原始凭证的真实性，即审核凭证的基本内容是否真实和正确，凭证所记录的经济业务是否与实际情况相符。

（二）合法性审核

审核原始凭证的合法性，即审核经济业务的发生和完成，是否符合国家的方针、政策、法规和制度，有无违反财经纪律等违法乱纪行为。

（三）合理性审核

审核原始凭证的合理性，即根据国家的方针、法规和制度，从经营和管理的具体情况出发，按照厉行节约、反对浪费、提高经济效益的原则审核经济业务发生或完成是否合理。

（四）完整性审核

审核原始凭证的完整性，即审核凭证名称、日期、接受方单位名称、经济业务内容、填制单位签章和有关人员签章等基本内容是否填写齐全。如经审核原始凭证后确定有未填写接受凭证单位名称、无填证单位或有关人员签章、业务内容与附件不符等情况，不能作为内容完整的原始凭证。

（五）准确性审核

审核原始凭证的准确性，即根据原始凭证的填写要求，审核原始凭证在计算方面是否存在失误。如业务内容与数量、金额是否对应，数量和单价的乘积是否与金额相符，金额合计是否准确，大小写金额是否相符。

二、审核结果处理

（一）审核通过

原始凭证经过审核，对符合要求的原始凭证，应按照规定及时办理会计手续。

（二）审核未通过

原始凭证经过审核，对业务真实但记载不准确、不完整的原始凭证，会计人员应予以退回，并要求经办人按照国家统一的会计制度进行更正或补充。

1.原始凭证金额有错误的，应当由出具单位重开，不得在原始凭证上更正、涂改。

【例】支付天地传媒有限公司广告费。

要求：根据下列单据找出错误，并进行正确处理。

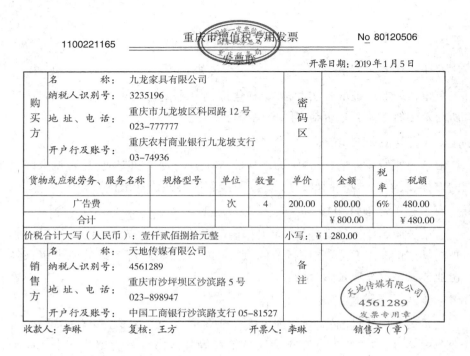

图 4-1

2.原始凭证金额以外有错误的,应当由出具单位重开或者更正,如果是更正的,更正处应当加盖出具单位印章。

【例】支付长江木材有限公司货款。

要求:根据下列单据找出错误,并进行正确处理。

图 4-2

3.原始凭证经过审核,对不真实、不合法、不合理的原始凭证,会计人员有权拒绝接收,不予办理会计手续,并向单位负责人报告。

第三节　日常业务处理

2019 年1月九龙家具有限公司发生经济业务如下:

情境1　1日,为生产500张实木床领用实木板和油漆。

材料出库单

单位:九龙家具有限公司　　2019　年1月1日　　№ 00866211

领料部门	领料用途	产品	实木板		油漆	
			数量	金额	数量	金额
生产部	生产直接领用	实木板	5 000		250	
			仓库保管员专用章			
合计						

记账人:　　　审核人:　　　经办人:李文　　　制单人:叶子

图 4-3

记账凭证

年　月　日　　　　　　　　　字第　号

摘要	总账科目	明细科目	借方金额									贷方金额									√
			百	十	万	千	百	十	元	角	分	百	十	万	千	百	十	元	角	分	
附件　张	合 计 金 额																				

会计主管　　　会计　　　出纳　　　制单

图 4-4

情境2　2日,提现。

重庆农村商业银行
现金支票存根

31558780

15365847

附加信息 _____

_____

出票日期 2019 年 01 月 02 日

收款人：	九龙家具有限公司
金　额：	￥3 000.00
用　途：	备用金
单位主管 黄林	会计 甘静

图 4-5

记账凭证

年　　月　　日　　　　　　　　　　　　字第　　号

摘 要	总账科目	明细科目	借 方 金 额									贷 方 金 额									√
			百	十	万	千	百	十	元	角	分	百	十	万	千	百	十	元	角	分	
附件　张	合 计 金 额																				

会计主管　　　　　　　　会计　　　　　　出纳　　　　　　制单

图 4-6

情境 3　3 日,发放上月工资。

九龙家具有限公司 2018 年 12 月工资发放表

单位：九★家具有限公司

人员编号	人员名称	职员属性	所属部门	应发合计	扣款合计	实发合计	代扣税	基本工资	岗位工资	事假天数	事假扣款	病假天数	病假扣款
101	甘锦金	经理人员	行政部	4 800.00		4 761.00	39.00	1 800.00	3 000.00				
201	刘林	经理人员	财务部	5 500.00		5 405.00	95.00	2 500.00	3 000.00	现金付讫			
202	何欢	管理人员	财务部	5 000.00		4 955.00	45.00	2 500.00	2 500.00				
203	李静	管理人员	财务部	5 000.00		4 955.00	45.00	2 500.00	2 500.00				
301	王晶	经理人员	销售部	5 800.00		5 675.00	125.00	2 800.00	3 000.00				
302	苏哲	业务人员	销售部	4 600.00		4 567.00	33.00	2 800.00	1 800.00				
401	李文	经理人员	采购部	5 800.00		5 675.00	125.00	2 800.00	3 000.00				
402	赵玲	业务人员	采购部	4 600.00		4 567.00	33.00	2 800.00	1 800.00				
501	王刚	管理人员	生产部	5 300.00		5 225.00	75.00	2 800.00	2 500.00				
502	袁莉	生产人员	生产部	4 600.00		4 567.00	33.00	2 800.00	1 800.00				
601	叶子	管理人员	仓储部	5 300.00		5 225.00	75.00	2 800.00	2 500.00				
	合计			56 300.00	0.00	55 577.00	723.00	28 900.00	27 400.00	0.00	0.00	0.00	0.00

单位负责人：甘锦金　　　　　　审核：黄林　　　　　　制表：甘静

图 4-7

重庆农村商业银行
现金支票存根

31558780

15365848

附加信息

出票日期 2019 年 01 月 03 日

收款人：	九龙家具有限公司
金　额：	￥55 577.00
用　途：	发放工资
单位主管 黄林　会计 甘静	

图 4-8

记账凭证

　　　　　　　　　年　　　月　　　日　　　　　　　　字第　　　号

摘要	总账科目	明细科目	借方金额								贷方金额								√
			百	十	万	千	百	十	元	角	分	百	十	万	千	百	十	元	角	分	
附件　张	合 计 金 额																			

会计主管　　　　　　会计　　　　　　出纳　　　　　　制单

图 4-9

记账凭证

年　　月　　日　　　　　　　　　　　　　字第　　号

摘　要	总账科目	明细科目	借方金额									贷方金额									√
			百	十	万	千	百	十	元	角	分	百	十	万	千	百	十	元	角	分	
附件　　张	合 计 金 额																				

会计主管　　　　　　会计　　　　　　出纳　　　　　　制单

图 4-10

情境 4　4 日,接受肖小月投资。

投资合作协议

甲方: 九龙家具有限公司

乙方: 肖小月

　　以上各方共同投资人(以下简称"共同投资人")经友好协商,根据中华人民共和国法律、法规的规定,双方本着互惠互利的原则,就乙方向甲方进行投资事宜达成如下协议,以共同遵守。

第一条　投资人的投资额和投资方式

　　甲、乙双方同意,以甲方注册成立的 九龙家具有限公司 为项目投资主体。

　　乙方向甲方投资叁拾万元整 (¥300 000.00),乙方占九龙家具有限公司注册资本的20%。

第二条　利润分享和亏损分担

　　投资人按其出资额占出资总额的比例分享共同投资的利润,分担共同投资的亏损。

　　投资人各自以其出资额为限对共同投资承担责任,共同投资人以其出资总额为限对股份有限公司承担责任。

第三条　事务执行

　　1.投资人委托甲方代表全体共同投资人执行共同投资的日常事务。

　　2.其他投资人有权检查日常事务的执行情况,甲方有义务向其他投资人报告共同投资的经营状况和财务状况。

　　3.甲方执行共同投资事务所产生的收益归全体共同投资人,所产生的亏损或者民事责任,由共同投资人承担。

　　4.甲方在执行事务时如因过失或不遵守本协议而造成其他共同投资人损失时,应承担赔偿责任。

　　5.投资人可以对甲方执行共同投资事务提出异议。提出异议时,应暂停该项事务的执行。如果发生争议,由全体共同投资人共同决定。

　　6.共同投资的下列事务必须经全体共同投资人同意:

　　(1)转让投资于有限公司的股份;

　　(2)更换事务执行人。

第四条　投资的转让

　　1.投资人向共同投资人以外的人转让其在共同投资中的全部或部分出资额时,须经全部共同投资人同意。

　　2.投资人之间转让在投资中的全部或部分投资额时,应当通知其他共同投资人。

　　3.投资人依法转让其出资额的,在同等条件下,其他投资人有优先受让的权利。

第五条　违约责任

为保证本协议的实际履行，甲方自愿提供其所有的财产向其他共同投资人提供担保。甲方承诺在其违约并造成其他共同投资人损失的情况下，以上述财产向其他共同投资人承担违约责任。

第六条　其他

1.本协议未尽事宜由共同投资人协商一致后，另行签订补充协议。

2.本协议经全体共同投资人签字盖章后即生效。本协议一式两份，共同投资人各执一份。

甲方（签字）：甘锦金

2019 年 1 月 4 日

签订地点：九龙家具有限公司

乙方（签字）：肖小月

2019 年 1 月 4 日

签订地点：九龙家具有限公司

图 4-11

重庆农村商业银行进 账 单（收账通知）

2019年1月4日　　　　　　　　　　　　№ 3356856

出票人	全　称	肖小月	收款人	全　称	九龙家具有限公司
	账　号	6157889852		账　号	03-74936
	开户银行	重庆农村商业银行九龙坡支行		开户银行	重庆农村商业银行九龙坡支行

金额	人民币（大写）	叁拾万元整	亿	千	百	十	万	千	百	十	元	角	分
						¥	3	0	0	0	0	0	0

票据种类	转账支票	票据张数	1张	
票据号码	6354856			

重庆农村商业银行
九龙坡支行
2019-01-04
业务受理专用章

复核　　　记账　　　　　　　　　　　收款人开户银行签章

图 4-12

九龙家具有限公司收据　　　№ 000211

2019 年 1 月 4 日

今收到	肖小月	
人民币	叁拾万元整	¥300 000.00
事由	收到投资款	

九龙家具有限公司
323196
财务专用章

单位盖章　　　会计 甘静　　　出纳 瞿颜　　　收款人 瞿颜

图 4-13

记账凭证

年　月　日　　　　　　　　　　　　　字第　号

摘要	总账科目	明细科目	借方金额										贷方金额										√
			百	十	万	千	百	十	元	角	分	百	十	万	千	百	十	元	角	分	
附件　张		合 计 金 额																			

会计主管　　　　　　　会计　　　　　　　出纳　　　　　　　制单

图 4-14

情境5　5日,向贫困山区捐款。

重庆农村商业银行
转账支票存根

31556680

15147442

附加信息
_____
_____

出票日期　2019 年 01 月 02 日

收款人：	重庆中村希望小学
金　额：	¥50 000.00
用　途：	捐款
单位主管 黄林　　会计 甘静	

图 4-15

记账凭证

年　月　日　　　　　　　　　　　　　字第　号

摘要	总账科目	明细科目	借方金额										贷方金额										√
			百	十	万	千	百	十	元	角	分	百	十	万	千	百	十	元	角	分	
附件　张		合 计 金 额																			

会计主管　　　　　　　会计　　　　　　　出纳　　　　　　　制单

图 4-16

情境6　5日,支付广告费。

1100221165　　　　重庆市增值税专用发票　　No 80120506
发票联　　　　　　　　开票日期：2019 年 1 月 5 日

购买方	名　称：	九龙家具有限公司							密码区	
	纳税人识别号：	3235196								
	地　址、电　话：	重庆市九龙坡区科园路 12 号 023-777777								
	开户行及账号：	重庆农村商业银行九龙坡支行 03-74936								

货物或应税劳务、服务名称	规格型号	单位	数量	单价	金额	税率	税额
广告费		次	1	2 000.00	2 000.00	6%	120.00
合计					¥2 000.00		¥120.00

价税合计大写（人民币）贰仟壹佰贰拾元整	小写:¥2 120.00

销售方	名　称：	天地传媒有限公司		备注	
	纳税人识别号：	4561289			
	地　址、电　话：	重庆市沙坪坝区沙滨路 5 号 023-898947			
	开户行及账号：	中国工商银行沙滨路支行 05-81527			

收款人：李秋怡　　　复核：王方分　　　开票人：李秋怡　　　销售方（章）

图 4-17

重庆农村商业银行
转账支票存根

31556680

15147443

附加信息

出票日期 2019 年 01 月 05 日

收款人：	天地传媒有限公司
金　额：	¥2 120.00
用　途：	广告费
单位主管 黄林	会计 甘静

图 4-18

记账凭证

年　　月　　日　　　　　　　　　　　字第　　号

摘要	总账科目	明细科目	借方金额										贷方金额										√
			百	十	万	千	百	十	元	角	分	百	十	万	千	百	十	元	角	分	

附件　张　　　合 计 金 额

会计主管　　　　　会计　　　　　出纳　　　　　制单

图 4-19

情境7 6日,购买实木板和油漆,款项用银行存款支付。

1100141160

重庆市增值税专用发票 No 70120704

发票联

开票日期: 2019 年 1 月 6 日

购买方	名　　称:	九龙家具有限公司						密码区	
	纳税人识别号:	3235196							
	地 址、电 话:	重庆市九龙坡区科园路 12 号 023-777777							
	开户行及账号:	重庆农村商业银行九龙坡支行 03-74936							

货物或应税劳务、服务名称	规格型号	单位	数量	单价	金额	税率	税额
实木板		平方米	4 000	80.00	320 000.00	16%	51 200.00
油漆		桶	500	40.00	20 000.00	16%	3 200.00
合计					¥340 000.00		¥54 400.00

价税合计大写(人民币)叁拾玖万肆仟肆佰元整	小写:¥394 400.00

销售方	名　　称:	九龙建材有限公司	备注	九龙建材有限公司 4468579 发票专用章
	纳税人识别号:	4468579		
	地 址、电 话:	重庆市九龙坡区含盛路 12 号 023-888888		
	开户行及账号:	中国农业银行含谷支行 05-81275		

收款人: 李杰　　　　复核: 吴天　　　　开票人: 张婷　　　　销售方(章)

图 4-20

重庆农村商业银行
转账支票存根

31556680

15147444

附加信息
＿＿＿＿＿＿＿＿＿＿
＿＿＿＿＿＿＿＿＿＿

出票日期 2019 年 01 月 06 日
收款人: 九龙建材有限公司
金 额: ¥394 400.00
用 途: 货款
单位主管 黄林　　会计 甘静

图 4-21

记账凭证

年　　月　　日　　　　　　　　　　　字第　　号

摘要	总账科目	明细科目	借方金额									贷方金额									√
			百	十	万	千	百	十	元	角	分	百	十	万	千	百	十	元	角	分	
附件　　张		合 计 金 额																			

会计主管　　　　　　会计　　　　　　出纳　　　　　　制单

图 4-22

情境8　7日,收到前欠货款。

重庆农村商业银行进 账 单（收账通知）

2019年1月7日　　　　　　　　　No 3355668

<table>
<tr><td rowspan="3">出票人</td><td>全　　称</td><td>美南家具有限公司</td><td rowspan="3">收款人</td><td>全　　称</td><td colspan="11">九龙家具有限公司</td></tr>
<tr><td>账　　号</td><td>08-78615</td><td>账　　号</td><td colspan="11">03-74936</td></tr>
<tr><td>开户银行</td><td>中国招商银行渝北支行</td><td>开户银行</td><td colspan="11">重庆农村商业银行九龙坡支行</td></tr>
<tr><td>金额</td><td>人民币
（大写）</td><td colspan="2">肆万陆仟肆佰元整</td><td>亿</td><td>千</td><td>百</td><td>十</td><td>万</td><td>千</td><td>百</td><td>十</td><td>元</td><td>角</td><td>分</td></tr>
<tr><td></td><td></td><td></td><td></td><td></td><td></td><td>¥</td><td>4</td><td>6</td><td>4</td><td>0</td><td>0</td><td>0</td><td>0</td></tr>
<tr><td>票据种类</td><td>转账支票</td><td>票据张数</td><td>1张</td><td colspan="12" rowspan="4">

　重庆农村商业银行
　九龙坡支行
　2019-01-07
业务受理专用章

　　　　收款人开户银行签章</td></tr>
<tr><td>票据号码</td><td colspan="3">98777568</td></tr>
<tr><td colspan="4"></td></tr>
<tr><td colspan="2">复核　记账</td><td colspan="2"></td></tr>
</table>

图 4-23

记账凭证

年　　月　　日　　　　　　　　　　字第　　号

<table>
<tr><td rowspan="2">摘　要</td><td rowspan="2">总账科目</td><td rowspan="2">明细科目</td><td colspan="9">借 方 金 额</td><td colspan="9">贷 方 金 额</td><td rowspan="2">√</td></tr>
<tr><td>百</td><td>十</td><td>万</td><td>千</td><td>百</td><td>十</td><td>元</td><td>角</td><td>分</td><td>百</td><td>十</td><td>万</td><td>千</td><td>百</td><td>十</td><td>元</td><td>角</td><td>分</td></tr>
<tr><td></td><td></td><td></td><td></td><td></td><td></td><td></td><td></td><td></td><td></td><td></td><td></td><td></td><td></td><td></td><td></td><td></td><td></td><td></td><td></td><td></td><td></td></tr>
<tr><td></td><td></td><td></td><td></td><td></td><td></td><td></td><td></td><td></td><td></td><td></td><td></td><td></td><td></td><td></td><td></td><td></td><td></td><td></td><td></td><td></td><td></td></tr>
<tr><td></td><td></td><td></td><td></td><td></td><td></td><td></td><td></td><td></td><td></td><td></td><td></td><td></td><td></td><td></td><td></td><td></td><td></td><td></td><td></td><td></td><td></td></tr>
<tr><td></td><td></td><td></td><td></td><td></td><td></td><td></td><td></td><td></td><td></td><td></td><td></td><td></td><td></td><td></td><td></td><td></td><td></td><td></td><td></td><td></td><td></td></tr>
<tr><td>附件　张</td><td colspan="2">合 计 金 额</td><td></td><td></td><td></td><td></td><td></td><td></td><td></td><td></td><td></td><td></td><td></td><td></td><td></td><td></td><td></td><td></td><td></td><td></td><td></td></tr>
<tr><td>会计主管</td><td colspan="2">会计</td><td colspan="6">出纳</td><td colspan="12">制单</td></tr>
</table>

图 4-24

情境9　8日,采购员赵玲出差借款。

借 款 单　　　　　No 000304

2019 年 1 月 8 日

<table>
<tr><td>借款人：赵玲</td><td colspan="2">所属部门：采购部</td></tr>
<tr><td>借款用途：出差借款</td><td colspan="2">现金付讫</td></tr>
<tr><td>借款金额：人民币（大写）壹仟元整</td><td colspan="2">¥1 000.00</td></tr>
<tr><td>部门负责人审核及签字：李文</td><td>借款人：赵玲</td><td></td></tr>
<tr><td colspan="3">财务部门审核及签字：黄林</td></tr>
<tr><td colspan="3">单位负责人批示及签字：甘锦金</td></tr>
<tr><td colspan="3">核销记录：</td></tr>
</table>

图 4-25

记账凭证

<table>
<tr><td colspan="3"></td><td colspan="2">年　　月　　日</td><td colspan="4"></td><td colspan="2">字第　　号</td></tr>
<tr><td rowspan="2">摘要</td><td rowspan="2">总账科目</td><td rowspan="2">明细科目</td><td colspan="10">借方金额</td><td colspan="10">贷方金额</td><td rowspan="2">√</td></tr>
<tr><td>百</td><td>十</td><td>万</td><td>千</td><td>百</td><td>十</td><td>元</td><td>角</td><td>分</td><td>百</td><td>十</td><td>万</td><td>千</td><td>百</td><td>十</td><td>元</td><td>角</td><td>分</td></tr>
<tr><td></td><td></td><td></td><td></td><td></td><td></td><td></td><td></td><td></td><td></td><td></td><td></td><td></td><td></td><td></td><td></td><td></td><td></td><td></td><td></td><td></td></tr>
<tr><td></td><td></td><td></td><td></td><td></td><td></td><td></td><td></td><td></td><td></td><td></td><td></td><td></td><td></td><td></td><td></td><td></td><td></td><td></td><td></td><td></td></tr>
<tr><td></td><td></td><td></td><td></td><td></td><td></td><td></td><td></td><td></td><td></td><td></td><td></td><td></td><td></td><td></td><td></td><td></td><td></td><td></td><td></td><td></td></tr>
<tr><td></td><td></td><td></td><td></td><td></td><td></td><td></td><td></td><td></td><td></td><td></td><td></td><td></td><td></td><td></td><td></td><td></td><td></td><td></td><td></td><td></td></tr>
<tr><td>附件　　张</td><td colspan="2">合计金额</td><td></td><td></td><td></td><td></td><td></td><td></td><td></td><td></td><td></td><td></td><td></td><td></td><td></td><td></td><td></td><td></td><td></td><td></td><td></td></tr>
</table>

会计主管　　　　　　　会计　　　　　　　出纳　　　　　　　制单

图 4-26

情境 10　10 日,购买办公用品。

销售部

重庆市增值税专用发票
发票联

1100321268

No 70120666

开票日期：2019 年 1 月 10 日

<table>
<tr><td rowspan="4">购买方</td><td>名　　称：</td><td colspan="6">九龙家具有限公司</td><td rowspan="4">密码区</td></tr>
<tr><td>纳税人识别号：</td><td colspan="6">3235196</td></tr>
<tr><td>地址、电话：</td><td colspan="6">重庆市九龙坡区科园路 12 号 023-777777</td></tr>
<tr><td>开户行及账号：</td><td colspan="6">重庆农村商业银行九龙坡支行 03-74936</td></tr>
<tr><td>货物或应税劳务、服务名称</td><td>规格型号</td><td>单位</td><td>数量</td><td>单价</td><td>金额</td><td>税率</td><td colspan="2">税额</td></tr>
<tr><td>打印纸</td><td></td><td>包</td><td>10</td><td>20.00</td><td>200.00</td><td>16%</td><td colspan="2">32.00</td></tr>
<tr><td>合计</td><td></td><td></td><td></td><td></td><td>¥200.00</td><td></td><td colspan="2">¥32.00</td></tr>
<tr><td>价税合计大写（人民币）贰佰叁拾贰元整</td><td colspan="5"></td><td colspan="3">小写:¥232.00</td></tr>
<tr><td rowspan="4">销售方</td><td>名　　称：</td><td colspan="6">重庆物美商贸有限公司</td><td rowspan="4">备注</td></tr>
<tr><td>纳税人识别号：</td><td colspan="6">9718542</td></tr>
<tr><td>地址、电话：</td><td colspan="6">重庆市九龙坡区杨家坪朝阳路 2 号 023-898986</td></tr>
<tr><td>开户行及账号：</td><td colspan="6">中国建设银行杨家坪支行 02-15247</td></tr>
</table>

现金付讫

收款人：李向　　　　复核：万分　　　　开票人：李向　　　　销售方（章）

图 4-27

采购部

1100321267

重庆市增值税普通发票

发票联

No 70120668

开票日期：2019 年 1 月 10 日

购买方	名　　称：	九龙家具有限公司						密码区	
	纳税人识别号：	3235196							
	地址、电话：	重庆市九龙坡区科园路 12 号 023-777777							
	开户行及账号：	重庆农村商业银行九龙坡支行 03-74936							

货物或应税劳务、服务名称	规格型号	单位	数量	单价	金额	税率	税额
笔记本		本	30	5.00	150.00	16%	24.00
合计					¥150.00		¥24.00

现金付讫

价税合计大写（人民币）壹佰柒拾肆元整	小写:¥174.00

销售方	名　　称：	重庆物美商贸有限公司		备注	
	纳税人识别号：	9718542			
	地址、电话：	重庆市九龙坡区杨家坪朝阳路 2 号 023-898986			
	开户行及账号：	中国建设银行杨家坪支行 02-15247			

重庆物美商贸有限公司
9718542
发票专用章

收款人：李向　　　　复核：万分　　　　开票人：李向　　　　销售方（章）

图 4-28

记账凭证

年　　月　　日　　　　　　　　　　　　　字第　　号

摘要	总账科目	明细科目	借方金额									贷方金额									√
			百	十	万	千	百	十	元	角	分	百	十	万	千	百	十	元	角	分	
附件　　张		合计金额																			

会计主管　　　　　　　会计　　　　　　　出纳　　　　　　　制单

图 4-29

情境 11　11 日，赵玲报销差旅费，交回余款。

差旅费费用报销单

2019年1月11日

出差人			赵玲			出差事由			去石柱考察市场		
出发			到达			交通工具	交通费		其他费用		
月	日	地点	月	日	地点		单据张数	金额	项目	单据张数	金额
1	8	重庆	1	8	石柱	火车	1	160.00	住宿费	1	300.00
1	10	石柱	1	10	重庆	火车	1	160.00	出差补助		200.00
									餐费补助		
				现金收讫					通信费补助		20.00
									市内公共交通费		
		合计					2	320.00	合计		520.00
报销总额	人民币（大写）	捌佰肆拾元整			人民币（小写）	¥840.00			预借现金		1 000.00
									退补现金		160.00

报销人：赵玲　　部门主管：李文　　财务主管：黄林　　单位负责人：甘锦金　　出纳：瞿颜

图 4-30

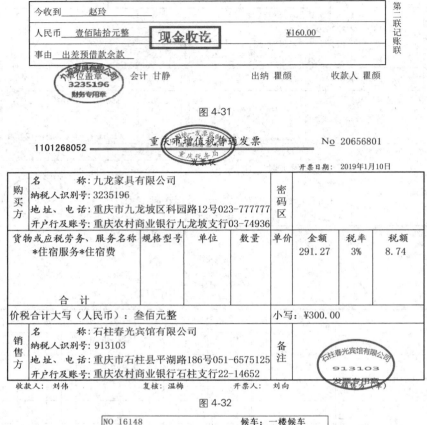

九龙家具有限公司收据　　　No 000301

2019 年 1 月 11 日

今收到	赵玲		
人民币	壹佰陆拾元整	现金收讫	¥160.00
事由	出差预借款余款		

单位盖章　　会计 甘静　　　　出纳 瞿颜　　收款人 瞿颜

图 4-31

1101268052　　　　　重庆市增值税普通发票　　　No 20656801

开票日期：2019年1月10日

购买方	名　　称：九龙家具有限公司 纳税人识别号：3235196 地址、电话：重庆市九龙坡区科园路12号023-777777 开户行及账号：重庆农村商业银行九龙坡支行03-74936					密码区		
货物或应税劳务、服务名称	规格型号	单位	数量	单价	金额	税率	税额
*住宿服务*住宿费					291.27	3%	8.74
合　计							
价税合计大写（人民币）：叁佰元整					小写：¥300.00		
销售方	名　　称：石柱春光宾馆有限公司 纳税人识别号：913103 地址、电话：重庆市石柱县平湖路186号051-6575125 开户行及账号：重庆农村商业银行石柱支行22-14652					备注		

收款人：刘伟　　　　　复核：温梅　　　　开票人：刘向

图 4-32

图 4-33

图 4-34

记账凭证

年 月 日　　　　　字第 号

摘要	总账科目	明细科目	借方金额										贷方金额										√
			百	十	万	千	百	十	元	角	分	百	十	万	千	百	十	元	角	分	
附件 张	合 计 金 额																						

会计主管　　　　会计　　　　出纳　　　　制单

图 4-35

情境12　12日,因生产需要,向银行借款。

重庆农村商业银行　　借款凭证

单位编号:05277056　　　借款日期:2019年1月12日　　　　　合同编号:00093

收款单位	全 称	九龙家具有限公司	借款单位	全 称	九龙家具有限公司										
	账 号	03-74936		账 号	03-74936										
	开户银行	重庆农村商业银行九龙坡支行		开户银行	重庆农村商业银行九龙坡支行										
金额	借款金额	人民币 伍拾万元整			亿	千	百	十	万	千	百	十	元	角	分
							¥	5	0	0	0	0	0	0	0
借款原因及用途		流动资金不足借款	批准借款利率				年息7.50%								

借款期限				你单位上列借款,已转入你单位结算账户内,借款到期时由我行按期自你单位结算账户转还。 借款单位:
期次	计划还款日期	√	计划还款金额	
1	2019-03-31		500 000	重庆农村商业银行 九龙坡支行 2019-01-12 业务受理专用章
2				
备注:				（银行盖章）

图 4-36

记账凭证

年 月 日　　　　　字第 号

摘要	总账科目	明细科目	借方金额										贷方金额										√
			百	十	万	千	百	十	元	角	分	百	十	万	千	百	十	元	角	分	
附件 张	合 计 金 额																						

会计主管　　　　会计　　　　出纳　　　　制单

图 4-37

情境 13　15 日,签订销售合同,并开出发票。

购 销 合 同

合同编号 56758698

购货单位(甲方):　南星家具有限公司

供货单位(乙方):　九龙家具有限公司

根据《中华人民共和国合同法》及国家相关法律、法规的规定,甲乙双方本着平等互利的原则,就甲方购买乙方货物一事达成以下协议。

一、货物的名称、数量及价格:

货物名称	规格型号	单位	数量	单价	金额	税率	价税合计
实木床		套	300	4 000	1 200 000.00	16%	1 392 000.00
合计(大写)	(人民币)壹佰叁拾玖万贰仟元整					.	1 392 000.00

二、交货方式和费用承担:交货方式:　购货方自行提货　,交货时间:2019年1月25日　前,交货地点:　销售方所在地　,运费由　购货方　承担。

三、付款时间与付款方式:付款条件为:2/10,1/20, n/30。折扣的确认从开票日开始计算。

四、未尽事宜经双方协商可作补充协议,与本合同具有同等效力。

五、本合同自双方签字、盖章之日起生效;本合同一式两份,甲乙双方各执一份。

甲方(签章)　　　　　　　　　　　乙方(签章)

授权代表:韩＊＊　　　　　　　　　授权代表:范＊＊

地　址:重庆市南岸区学府路2号　　地　址:重庆市九龙坡区科园路43号

电　话:023-969696　　　　　　　电　话:023-777777

日　期:2019 年 1 月 15日　　　　日　期:2019 年 1 月 15日

图 4-38

1100121165　　重庆市增值税专用发票　No　90120706

记账联

开票日期:2019 年 1 月 15 日

购买方	名　称:	南星家具有限公司						
	纳税人识别号:	4145168			密码区			
	地址、电话:	重庆市南岸区学府路 2 号 023-969696						
	开户行及账号:	中国银行南岸支行 05-86157						

货物或应税劳务、服务名称	规格型号	单位	数量	单价	金额	税率	税额
实木床		套	300	4 000	1 200 000.00	16%	192 000.00
合计					¥1 200 000.00		¥192 000.00

价税合计大写(人民币)壹佰叁拾玖万贰仟元整　　小写:¥1 392 000.00

销售方	名　称:	九龙家具有限公司		
	纳税人识别号:	3235196		备注
	地址、电话:	重庆市九龙坡区科园路 12 号 023-777777		
	开户行及账号:	重庆农村商业银行九龙坡支行 03-74936		

收款人:瞿颜　　复核:甘静　　开票人:瞿颜　　销售方(章)

图 4-39

销 售 出 库 单

单位：九龙家具有限公司　　2019 年 1 月 15 日　　No 00866231

编号	品名	规格	单位	数量	单价	金额	备注
	实木床			300			
			仓库保管员专用章				

制单（保管）：叶子　　负责人：　　业务：赵玲　　财务：

图 4-40

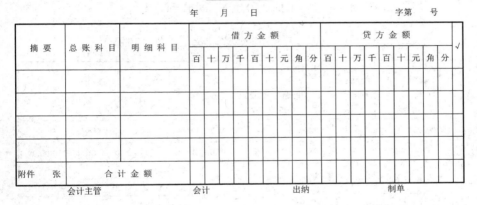

记账凭证

年　　月　　日　　　　　　　　字第　　号

摘要	总账科目	明细科目	借方金额									贷方金额									√
			百	十	万	千	百	十	元	角	分	百	十	万	千	百	十	元	角	分	

附件　　张　　　　合计金额

会计主管　　　　　　会计　　　　　　出纳　　　　　　制单

图 4-41

情境 14　16 日，收到违约金。

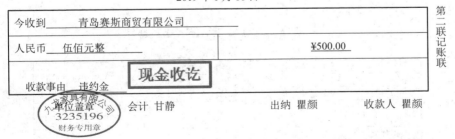

九龙家具有限公司收据　　　　No　369875

2019 年 1 月 16 日

今收到　　青岛赛斯商贸有限公司

人民币　伍佰元整　　　　　　　　　　　¥500.00

收款事由　违约金　　现金收讫

单位盖章　　会计　甘静　　　　出纳　瞿颜　　　收款人　瞿颜

（印章：九龙家具有限公司　3235196　财务专用章）

第二联记账联

图 4-42

记账凭证

年　月　日　　　　　　　　　　　　　　　字第　　号

摘要	总账科目	明细科目	借方金额									贷方金额									√
			百	十	万	千	百	十	元	角	分	百	十	万	千	百	十	元	角	分	
附件　张		合计金额																			

会计主管　　　　　　会计　　　　　　出纳　　　　　　制单

图 4-43

情境15　17 日,销售实木床 150 套,同时收到货款。

1520152180

重庆市增值税专用发票
记账联

No 90120759

开票日期:2019 年 1 月 17 日

购买方	名　　称: 南星家具有限公司 纳税人识别号: 4145168 地　址、电话: 重庆市南岸区学府路 2 号 023-969696 开户行及账号: 中国银行南岸支行 05-86157	密码区	

货物或应税劳务、服务名称	规格型号	单位	数量	单价	金额	税率	税额
实木床		套	150	4 000	600 000.00	16%	96 000.00
合计					¥600 000.00		¥96 000.00

价税合计大写(人民币)陆拾玖万陆仟元整　　　　　小写:¥696 000.00

销售方	名　　称: 九龙家具有限公司 纳税人识别号: 3235196 地　址、电话: 重庆市九龙坡区科园路 12 号 023-777777 开户行及账号: 重庆农村商业银行九龙坡支行 03-74936	备注	九龙建材有限公司 4468579 销售方(章)

收款人:瞿颜　　　复核:甘静　　　开票人:瞿颜　　　销售方(章)

图 4-44

重庆农村商业银行进账单(收账通知)

2019年1月17日　　　　　　　No 33556588

出票人	全　称	南星家具有限公司	收款人	全　称	九龙家具有限公司										
	账　号	05-86157		账　号	03-74936										
	开户银行	中国银行南岸支行		开户银行	重庆农村商业银行九龙坡支行										
金额	人民币(大写)	陆拾玖万陆仟元整				亿	千	百	十	万	千	百	十	元	角	分
								¥	6	9	6	0	0	0	0	0
票据种类	转账支票	票据张数	1张												
票据号码	75689877			重庆农村商业银行 九龙坡支行 2019-01-17 业务受理专用章											
	复核　　记账			收款人开户银行签章											

图 4-45

销 售 出 库 单

单位：九龙家具有限公司　　2019 年 1 月 17 日　　No 00866232

编号	品名	规格	单位	数量	单价	金额	备注
	实木床			150			

制单（保管）：叶子　　负责人：　　业务员：赵玲　　财务：

图 4-46

记账凭证

年　　月　　日　　　　　　　　字第　　号

摘要	总账科目	明细科目	借方金额									贷方金额									√
			百	十	万	千	百	十	元	角	分	百	十	万	千	百	十	元	角	分	
附件　张		合 计 金 额																			

会计主管　　　　　会计　　　　　出纳　　　　　制单

图 4-47

情境 16　18 日，购买实木板和油漆。

图 4-48

```
                重庆农村商业银行
                转账支票存根

                31556680
                  15147424
    附加信息 _____
           _____

    出票日期 2019 年 01 月 18 日
    收款人： 九龙建材有限公司
    金    额： ¥93 728.00
    用    途： 货款
    单位主管 黄林    会计 甘静
```

图 4-49

入 库 单

单位：九龙家具有限公司　　　2019 年 1 月 18 日　　　No 00589632

编号	品名	规格	单位	送验数量	实收数量	单价	金额	备注
	实木板		平方米	1 000	1 000			
	油漆		桶	20	20			
						仓库保管员专用章		

制单（保管）：叶子　　　负责人：　　　业务：赵玲　　　财务：

图 4-50

记账凭证

年　月　日　　　　　　　　　　　　字第　号

摘 要	总账科目	明细科目	借方金额										贷方金额										√
			百	十	万	千	百	十	元	角	分	百	十	万	千	百	十	元	角	分	
附件　张	合 计 金 额																				

会计主管　　　　　　会计　　　　　　出纳　　　　　　制单

图 4-51

情境 17　18 日,缴纳上月税费。

重庆农村商业银行银行客户专用单

转账日期：2019 年 1 月 18 日

凭证字号：2019060835

纳税人全称及纳税人识别号：九龙家具有限公司 3235196	
付款人全称：九龙家具有限公司	
付款人账号：03-74936	征收机关名称：重庆市高新区国家税务局
付款人开户银行：重庆农村商业银行九龙坡支行	收缴国库（银行）名称：国家金库重庆高新区支库
小写（合计）金额：¥276 000.00	缴款书交易流水号：2019060869
大写（合计）金额：贰拾柒万陆仟元整	税票代码：0420187502

税（费）种名称	所属日期	实缴金额
增值税	20181201-20181231	¥220 000.00
企业所得税	20181201-20181231	¥56 000.00

> 重庆农村商业银行
> 九龙坡支行
> 2019-01-18
> 业务受理专用章

图 4-52

记账凭证

年　　月　　日　　　　　　　字第　　号

摘要	总账科目	明细科目	借方金额										贷方金额										√
			百	十	万	千	百	十	元	角	分	百	十	万	千	百	十	元	角	分	

附件　张　　　合计金额

会计主管　　　　会计　　　　出纳　　　　制单

图 4-53

情境18　20日,交纳水电费。

```
重庆农村商业银行
转账支票存根

31556680

47151424

附加信息
_____
_____

出票日期　2019 年 01 月 20 日
收款人：重庆水务有限公司
金　额：¥382.80
用　途：水费
单位主管 黄林　会计 甘静
```

图 4-54

1100521268 重庆市增值税专用发票  No 80120656

发票联

开票日期：2019 年 1 月 20 日

购买方	名 称：	九龙家具有限公司						
	纳税人识别号：	3235196						密码区
	地 址、电 话：	重庆市九龙坡区科园路 12 号 023-777777						
	开户行及账号：	重庆农村商业银行九龙坡支行 03-74936						

货物或应税劳务、服务名称	规格型号	单位	数量	单价	金额	税率	税额
水费		吨	110	3.00	330.00	16%	52.80
合计					¥330.00		¥52.80

价税合计大写（人民币）叁佰捌拾贰元捌角整	小写:¥382.80

销售方	名 称：	重庆水务有限公司	备注
	纳税人识别号：	9718458	
	地 址、电 话：	重庆市九龙坡区含谷镇含盛路 15 号 023-657512	
	开户行及账号：	中国农业银行含谷支行 02-15246	

收款人：李琳　　　　复核：王方　　　　开票人：李琳

图 4-55

重庆农村商业银行
转账支票存根

31556680

47151425

附加信息 _____

_____

出票日期	2019 年 01 月 20 日	
收款人：	重庆电力股份有限公司	
金 额：	¥580.00	
用 途：	电费	
单位主管 黄林	会计 甘静	

图 4-56

1100321287 重庆市增值税专用发票 No 80120788

发票联

开票日期：2019 年 1 月 20 日

购买方	名 称：	九龙家具有限公司						
	纳税人识别号：	3235196						密码区
	地 址、电 话：	重庆市九龙坡区科园路 12 号 023-777777						
	开户行及账号：	重庆农村商业银行九龙坡支行 03-74936						

货物或应税劳务、服务名称	规格型号	单位	数量	单价	金额	税率	税额
电费		度	1 000	0.5	500.00	16%	80.00
合计					¥500.00		¥80.00

价税合计大写（人民币）伍佰捌拾元整	小写:¥580.00

销售方	名 称：	重庆电力股份有限公司	备注
	纳税人识别号：	97118542	
	地 址、电 话：	重庆市九龙坡区含谷镇含盛路 12 号 023-657414	
	开户行及账号：	中国农业银行含谷支行 03-18564	

收款人：方琳　　　　复核：王路　　　　开票人：方琳

图 4-57

记账凭证

年　月　日　　　　　　　　　　　字第　号

摘要	总账科目	明细科目	借方金额									贷方金额									√
			百	十	万	千	百	十	元	角	分	百	十	万	千	百	十	元	角	分	
附件　张		合 计 金 额																			

会计主管　　　　　　会计　　　　　出纳　　　　　制单

图 4-58

情境 19 21 日，6 日购买的实木板、油漆到达，验收入库。

重庆市增值税专用发票

发票联

1100140116　　　　　　　　　　　　　　No 70704012

开票日期：2019 年 1 月 21 日

购买方	名　称：	九龙家具有限公司					密码区	
	纳税人识别号：	3235196						
	地址、电话：	重庆市九龙坡区科园路 12 号 023-777777						
	开户行及账号：	重庆农村商业银行九龙坡支行 03-74936						

货物或应税劳务、服务名称	规格型号	单位	数量	单价	金额	税率	税额
*运输服务*运输费					4 500.00	10%	450.00
合计					¥4 500.00		¥450.00

价税合计大写（人民币）肆仟玖佰伍拾元整		小写:¥4 950.00

销售方	名　称：	振华物流有限公司	备注
	纳税人识别号：	912705	
	地址、电话：	重庆市渝北区金建路 6 号 023-64565645	
	开户行及账号：	中国农业银行渝北支行 53-27581	

收款人：李天一　　　复核：陈天　　　开票人：张芳　　　销售方（章）

图 4-59

重庆农村商业银行

转账支票存根

31556680

47151452

附加信息

_____

_____

出票日期	2019 年 01 月 21 日
收款人：	振华物流有限公司
金　额：	¥4 950.00
用　途：	运输费
单位主管 黄林　会计 甘静	

图 4-60

入 库 单

单位：九龙家具有限公司　　　　　　2019 年 1 月 21 日　　　No 00589638

编号	品名	规格	单位	送验数量	实收数量	单价	金额	备注
	实木板		平方米	4 000	4 000			
	油漆		桶	500	500			

制单（保管）：叶子　　　　负责人：　　　　　业务：赵玲　　　　　财务：

图 4-61

记账凭证

年　　月　　日　　　　　　　　　　　字第　　号

摘 要	总账科目	明细科目	借 方 金 额										贷 方 金 额										√
			百	十	万	千	百	十	元	角	分	百	十	万	千	百	十	元	角	分	
附件　　张		合 计 金 额																			

会计主管　　　　　　会计　　　　　　出纳　　　　　　制单

图 4-62

情境20　21 日，管理部门领用油漆。

材 料 出 库 单

单位：九龙家具有限公司　　2019 年 1 月 21 日　　　No 00865232

领料部门	领料用途	产品	实木板		油漆	
			数量	金额	数量	金额
管理部	修缮	油漆			5	
合计						

记账人：　　　　　审核人：　　　　　经办人：李文　　　　制单人：叶子

图 4-63

记账凭证

年　　月　　日　　　　　　　　　　字第　　号

摘要	总账科目	明细科目	借方金额										贷方金额										√
			百	十	万	千	百	十	元	角	分	百	十	万	千	百	十	元	角	分		
附件　张		合 计 金 额																					
会计主管			会计			出纳				制单													

图 4-64

情境 21　22 日,生产 100 张实木床。

材 料 出 库 单

单位:九龙家具有限公司　　2019　年 1 月 21 日　　No 00865322

领料部门	领料用途	产品	实木板		油漆	
			数量	金额	数量	金额
生产部	生产领用	实木板	1 000		50	
合 计						

记账人:　　　审核人:　　　经办人:袁莉　　　制单人:叶子

图 4-65

记账凭证

年　　月　　日　　　　　　　　　　字第　　号

摘要	总账科目	明细科目	借方金额										贷方金额										√
			百	十	万	千	百	十	元	角	分	百	十	万	千	百	十	元	角	分		
附件　张		合 计 金 额																					
会计主管			会计			出纳				制单													

图 4-66

情境 22　24 日,收 15 日销售实木床货款。

重庆农村商业银行进 账 单（收账通知）

2019年1月24日　　　　　　　　　　№ 33556697

<table>
<tr><td rowspan="3">出票人</td><td>全　　称</td><td colspan="2">南星家具有限公司</td><td rowspan="3">收款人</td><td>全　　称</td><td colspan="9">九龙家具有限公司</td></tr>
<tr><td>账　　号</td><td colspan="2">05-86157</td><td>账　　号</td><td colspan="9">03-74936</td></tr>
<tr><td>开户银行</td><td colspan="2">中国银行南岸支行</td><td>开户银行</td><td colspan="9">重庆农村商业银行九龙坡支行</td></tr>
<tr><td>金额</td><td>人民币
（大写）</td><td colspan="3">壹佰叁拾陆万捌仟元整</td><td>亿</td><td>千</td><td>百</td><td>十</td><td>万</td><td>千</td><td>百</td><td>十</td><td>元</td><td>角</td><td>分</td></tr>
<tr><td></td><td></td><td colspan="3"></td><td></td><td>¥</td><td>1</td><td>3</td><td>6</td><td>8</td><td>0</td><td>0</td><td>0</td><td>0</td><td>0</td></tr>
<tr><td colspan="2">票据种类</td><td>转账支票</td><td>票据张数</td><td>1张</td><td colspan="12"></td></tr>
<tr><td colspan="2">票据号码</td><td colspan="3">75689898</td><td colspan="12"></td></tr>
</table>

重庆农村商业银行
九龙坡支行
2019-01-24
业务受理专用章

复核　　记账　　　　　　　　　　　　　　　　收款人开户银行签章

图 4-67

记账凭证

年　　月　　日　　　　　　　　　　字第　　号

<table>
<tr><td rowspan="2">摘　要</td><td rowspan="2">总账科目</td><td rowspan="2">明细科目</td><td colspan="9">借方金额</td><td colspan="9">贷方金额</td><td rowspan="2">√</td></tr>
<tr><td>百</td><td>十</td><td>万</td><td>千</td><td>百</td><td>十</td><td>元</td><td>角</td><td>分</td><td>百</td><td>十</td><td>万</td><td>千</td><td>百</td><td>十</td><td>元</td><td>角</td><td>分</td></tr>
<tr><td></td><td></td><td></td><td></td><td></td><td></td><td></td><td></td><td></td><td></td><td></td><td></td><td></td><td></td><td></td><td></td><td></td><td></td><td></td><td></td><td></td></tr>
<tr><td></td><td></td><td></td><td></td><td></td><td></td><td></td><td></td><td></td><td></td><td></td><td></td><td></td><td></td><td></td><td></td><td></td><td></td><td></td><td></td><td></td><td></td></tr>
<tr><td></td><td></td><td></td><td></td><td></td><td></td><td></td><td></td><td></td><td></td><td></td><td></td><td></td><td></td><td></td><td></td><td></td><td></td><td></td><td></td><td></td><td></td></tr>
<tr><td></td><td></td><td></td><td></td><td></td><td></td><td></td><td></td><td></td><td></td><td></td><td></td><td></td><td></td><td></td><td></td><td></td><td></td><td></td><td></td><td></td><td></td></tr>
<tr><td>附件　　张</td><td colspan="2">合 计 金 额</td><td></td><td></td><td></td><td></td><td></td><td></td><td></td><td></td><td></td><td></td><td></td><td></td><td></td><td></td><td></td><td></td><td></td><td></td><td></td></tr>
</table>

会计主管　　　　　　　会计　　　　　　　出纳　　　　　　　制单

图 4-68

情境23　25 日，销售实木板。

1520152181　　　　　　　重庆市增值税专用发票　　　№ 90120829
　　　　　　　　　　　　　　　发票联　　　　　　开票日期：2019 年 1 月 25 日

<table>
<tr><td rowspan="4">购买方</td><td>名　　称</td><td colspan="5">红星建材有限公司</td><td rowspan="4">密码区</td><td></td></tr>
<tr><td>纳税人识别号：</td><td colspan="5">4567896</td><td></td></tr>
<tr><td>地址、电话：</td><td colspan="5">重庆市九龙坡区白市驿白新路 5 号 023-676767</td><td></td></tr>
<tr><td>开户行及账号：</td><td colspan="5">中国建设银行白市驿支行 07-81527</td><td></td></tr>
<tr><td colspan="2">货物或应税劳务、服务名称</td><td>规格型号</td><td>单位</td><td>数量</td><td>单价</td><td>金额</td><td>税率</td><td>税额</td></tr>
<tr><td colspan="2">实木板</td><td></td><td>平方米</td><td>160</td><td>100.00</td><td>16 000.00</td><td>16%</td><td>2 560.00</td></tr>
<tr><td colspan="2">合计</td><td></td><td></td><td></td><td></td><td>¥16 000.00</td><td></td><td>¥2 560.00</td></tr>
<tr><td colspan="4">价税合计大写（人民币）壹万捌仟伍佰陆拾元整</td><td colspan="3">小写:¥18 560.00</td><td colspan="2"></td></tr>
<tr><td rowspan="4">销售方</td><td>名　　称</td><td colspan="5">九龙家具有限公司</td><td rowspan="4">备注</td><td rowspan="4"></td></tr>
<tr><td>纳税人识别号：</td><td colspan="5">3235196</td></tr>
<tr><td>地址、电话：</td><td colspan="5">重庆市九龙坡区科园路 12 号 023-777777</td></tr>
<tr><td>开户行及账号：</td><td colspan="5">重庆农村商业银行九龙坡支行 03-74936</td></tr>
</table>

九龙家具有限公司
3235196
发票专用章

收款人：瞿颜　　　　复核：甘静　　　　开票人：瞿颜　　　　销售方（章）

图 4-69

重庆农村商业银行进 账 单（收账通知）

2019 年 1 月 25 日   N⍛ 33556576

出票人	全 称	红星建材有限公司	收款人	全 称	九龙家具有限公司
	账 号	07-81527		账 号	03-74936
	开户银行	中国建设银行白市驿支行		开户银行	重庆农村商业银行九龙坡支行

金额	人民币（大写）	壹万捌仟伍佰陆拾元整	亿	千	百	十	万	千	百	十	元	角	分
						¥	1	8	5	6	0	0	0

票据种类	转账支票	票据张数	1 张
票据号码	75689867		

重庆农村商业银行
九龙坡支行
2019-01-25
业务受理专用章

收款人开户银行签章

复核   记账

图 4-70

销 售 出 库 单

单位：九龙家具有限公司   2019 年 1 月 25 日   N⍛ 00866223

编号	品名	规格	单位	数量	单价	金额	备注
	实木板		平方米	160			
					仓库保管员专用章		

制单（保管）：叶子   负责人：   业务：赵玲   财务：

图 4-71

记账凭证

年   月   日   字第   号

摘 要	总账科目	明细科目	借方金额									贷方金额									√
			百	十	万	千	百	十	元	角	分	百	十	万	千	百	十	元	角	分	
附件 张	合 计 金 额																				

会计主管   会计   出纳   制单

图 4-72

情境 24   31 日，支付利息。

<h3 style="text-align:center">重庆农村商业银行计收利息（付款通知）</h3>

2019 年 1 月 31 日　　　　　借据号 98212012

客户号 20191356		结算账号 04-57834		
单位名称：九龙家具有限公司				
计息起讫日期：2018 年 12 月 31 日至 2019 年 1 月 30 日				
正常本金/积 数	1 000 000.00	利率：0.2% /月	利息	2 000.00
逾期本金/积 数		利率：	利息	
欠 息/积 数		利率：	利息	
币 种		利息总金额		2 000.00

银行盖章：

图 4-73

<h2 style="text-align:center">记账凭证</h2>

年　　月　　日　　　　　　　　字第　　号

摘要	总账科目	明细科目	借方金额									贷方金额									√
			百	十	万	千	百	十	元	角	分	百	十	万	千	百	十	元	角	分	
附件　　张　　　合 计 金 额																					

会计主管　　　　　　　会计　　　　　　　出纳　　　　　　　制单

图 4-74

情境 25　31 日,计提固定资产折旧。

<h2 style="text-align:center">固定资产折旧计算表</h2>

2019 年 1 月 31 日

项目	固定资产原值	月折旧率	月计提折旧额
生产车间	458 000	0.50%	
销售部门	115 000	0.50%	
行政部门	236 000	0.50%	
合计	809 000		

审核：　　　　　　　　　　　　制表：

图 4-75

记账凭证

年 月 日 字第 号

摘要	总账科目	明细科目	借方金额										贷方金额										√
			百	十	万	千	百	十	元	角	分	百	十	万	千	百	十	元	角	分	
附件 张	合 计 金 额																				

会计主管　　　　　　会计　　　　　　出纳　　　　　　制单

图 4-76

情境 26　31 日,分配水电费。

水 费 分 配 表
2019 年 1 月 31 日

部门	数量/吨	单价/元	金额/元
生产车间	70	3	
销售部门	20	3	
行政部门	30	3	
合 计	120		

审核:　　　　　　　　　　　　制表:甘静

图 4-77

记账凭证

年 月 日 字第 号

摘要	总账科目	明细科目	借方金额										贷方金额										√
			百	十	万	千	百	十	元	角	分	百	十	万	千	百	十	元	角	分	
附件 张	合 计 金 额																				

会计主管　　　　　　会计　　　　　　出纳　　　　　　制单

图 4-78

情境 27　31 日,分配工资。

2019年1月工资费用分配表

单位：九龙家具有限公司

工号	姓名	部门	岗位	基本工资	岗位工资	应付工资
12301	甘锦金	总经办	总经理	5 000.00	4 000.00	9 000.00
12302	黄林	财务部	财务主管	2 000.00	1 500.00	3 500.00
12303	瞿颜	财务部	出纳人员	2 000.00	1 000.00	3 000.00
12304	甘静	财务部	会计人员	2 000.00	1 000.00	3 000.00
12305	方淼	财务部	财经文员	2 000.00	1 000.00	3 000.00
12306	叶子	仓储部	管理人员	2 800.00	2 500.00	5 300.00
12307	王晶	销售部	销售经理	4 000.00	2 500.00	6 500.00
12308	高猛	销售部	业务人员	3 500.00	2 200.00	5 700.00
12309	王刚	销售部	业务人员	3 500.00	2 200.00	5 700.00
12310	苏哲	销售部	业务人员	3 500.00	2 200.00	5 700.00
12311	李文	采购部	采购经理	3 200.00	2 500.00	5 700.00
12312	赵玲	采购部	业务人员	3 000.00	2 400.00	5 400.00
12313	刘超	采购部	业务人员	3 000.00	2 400.00	5 400.00
12314	袁莉	生产车间	管理人员	4 000.00	3 500.00	7 500.00
12315	王刚	生产车间	生产工人	3 000.00	2 800.00	5 800.00
12316	刘倩	生产车间	生产工人	3 000.00	2 800.00	5 800.00
12317	胡高	生产车间	生产工人	3 000.00	2 800.00	5 800.00
12318	李艺文	生产车间	生产工人	3 000.00	2 800.00	5 800.00
12319	张新妍	生产车间	生产工人	3 000.00	2 800.00	5 800.00
12320	马坪	生产车间	生产工人	3 000.00	2 800.00	5 800.00
12321	杨浩大	生产车间	生产工人	3 000.00	2 800.00	5 800.00
12322	李大伟	生产车间	生产工人	3 000.00	2 800.00	5 800.00
12323	黄兰	生产车间	生产工人	3 000.00	2 800.00	5 800.00
合计		壹拾贰万柒仟捌佰元整				126 600.00

审核：甘锦金　　　　　　制表：甘静

图 4-79

记账凭证

年　　月　　日　　　　　　　　　　字第　　号

摘要	总账科目	明细科目	借方金额									贷方金额									√
			百	十	万	千	百	十	元	角	分	百	十	万	千	百	十	元	角	分	
附件　　张		合计金额																			

会计主管　　　　　　　会计　　　　　　　出纳　　　　　　　制单

图 4-80

情境28　31日，结转制造费用。

制造费用分配表

2019 年 1 月 31 日

项　　目	科　　目	分配金额
借方科目	生长产成本	
贷方科目	费用制造	

审核：　　　　　　　　　　　　　　制表：

图 4-81

记账凭证

年　　月　　日　　　　　　　　　　　字第　　号

摘　要	总账科目	明细科目	借方金额									贷方金额									√
			百	十	万	千	百	十	元	角	分	百	十	万	千	百	十	元	角	分	
附件　　张		合 计 金 额																			

会计主管　　　　　　　　会计　　　　　　　出纳　　　　　　　制单

图 4-82

情境 29　31 日, 全部完工入库, 假设期初无产品。

入　　库　　单

单位：九龙家具有限公司　　　2019　年 1 月 31 日　　No 00589640

编号	品名	规格	单位	送验数量	实收数量	单价	金额	备注
	实木床		套	600	600			
			仓库保管员专用章					

制单（保管）：叶子　　　负责人：　　　　　业务：王刚　　　财务：

图 4-83

完工产品成本计算表

2019 年 1 月 31 日

项目	科目		金额
应借科目	库存商品		
应贷科目	生产成本	直接材料	
		直接人工	
		制造费用	

审核：　　　　　　　　　　　　　制表：

图 4-84

记账凭证

<table>
<tr><td colspan="3"></td><td colspan="2" style="text-align:center">年　月　日</td><td colspan="4" style="text-align:center">字第　号</td></tr>
<tr><td rowspan="2">摘　要</td><td rowspan="2">总账科目</td><td rowspan="2">明　细　科　目</td><td colspan="2">借　方　金　额</td><td colspan="2">贷　方　金　额</td><td rowspan="2">√</td></tr>
<tr><td>百 十 万 千 百 十 元 角 分</td><td></td><td>百 十 万 千 百 十 元 角 分</td></tr>
<tr><td></td><td></td><td></td><td></td><td></td><td></td></tr>
<tr><td></td><td></td><td></td><td></td><td></td><td></td></tr>
<tr><td></td><td></td><td></td><td></td><td></td><td></td></tr>
<tr><td></td><td></td><td></td><td></td><td></td><td></td></tr>
<tr><td>附件　张</td><td colspan="2">合　计　金　额</td><td></td><td></td><td></td></tr>
<tr><td>会计主管</td><td colspan="2">会计</td><td>出纳</td><td colspan="2">制单</td></tr>
</table>

图 4-85

情境 30　31 日,结转增值税。

应交增值税计算表

2019 年 1 月 31 日

项　目	当期销项税额	当期进项税额	当期增值税额
金　额			

审核:　　　　　　　　　　　制表:

图 4-86

记账凭证

<table>
<tr><td colspan="3"></td><td colspan="2" style="text-align:center">年　月　日</td><td colspan="4" style="text-align:center">字第　号</td></tr>
<tr><td rowspan="2">摘　要</td><td rowspan="2">总账科目</td><td rowspan="2">明　细　科　目</td><td colspan="2">借　方　金　额</td><td colspan="2">贷　方　金　额</td><td rowspan="2">√</td></tr>
<tr><td>百 十 万 千 百 十 元 角 分</td><td></td><td>百 十 万 千 百 十 元 角 分</td></tr>
<tr><td></td><td></td><td></td><td></td><td></td><td></td></tr>
<tr><td></td><td></td><td></td><td></td><td></td><td></td></tr>
<tr><td></td><td></td><td></td><td></td><td></td><td></td></tr>
<tr><td></td><td></td><td></td><td></td><td></td><td></td></tr>
<tr><td>附件　张</td><td colspan="2">合　计　金　额</td><td></td><td></td><td></td></tr>
<tr><td>会计主管</td><td colspan="2">会计</td><td>出纳</td><td colspan="2">制单</td></tr>
</table>

图 4-87

情境 31　31 日,计算城市维护建设税和教育费附加。

应交城建税和教育费附加计算表

2019 年 1 月 31 日

项　目	提取基数	税　率	提取金额
城建税		7%	
教育费附加		3%	

审核:　　　　　　　　　　　制表:

图 4-88

记账凭证

年　　月　　日　　　　　　　　　　　　　　字第　　号

摘　要	总账科目	明细科目	借方金额									贷方金额									√
			百	十	万	千	百	十	元	角	分	百	十	万	千	百	十	元	角	分	
附件　张　　合　计　金　额																					

会计主管　　　　　　　会计　　　　　　出纳　　　　　　　制单

图 4-89

情境 32　31 日,结转本月产品销售成本。

产品销售成本计算表

2019 年 1 月 31 日

项　　目	数　　量	单位成本	销售成本
实木床			

审核:　　　　　　　　　　　　制表:

图 4-90

记账凭证

年　　月　　日　　　　　　　　　　　　　　字第　　号

摘　要	总账科目	明细科目	借方金额									贷方金额									√
			百	十	万	千	百	十	元	角	分	百	十	万	千	百	十	元	角	分	
附件　张　　合　计　金　额																					

会计主管　　　　　　　会计　　　　　　出纳　　　　　　　制单

图 4-91

情境 33　31 日,结转本月材料销售成本。

材料销售成本计算表

2019 年 1 月 31 日

项　目	数　量	单位成本	销售成本
实木板			

审核：　　　　　　　　　　　　　　制表：

图 4-92

记账凭证

年　　月　　日　　　　　　　　　　　　　　字第　　号

摘 要	总账科目	明细科目	借方金额									贷方金额									√
			百	十	万	千	百	十	元	角	分	百	十	万	千	百	十	元	角	分	
附件　　张	合 计 金 额																				

会计主管　　　　　　　会计　　　　　　　出纳　　　　　　　制单

图 4-93

情境 34　31 日，油漆盘亏。

存货盘亏盘盈报告表

2019 年 1 月 31 日

单位:元

编号	名称	单位	账面数量	实存数量	盘盈		盘亏		原因
					数量	金额	数量	金额	
1	油漆	桶	485	480					被盗

审核：　　　　　　　　　　　　　　制表：

图 4-94

记账凭证

年　　月　　日　　　　　　　　　　字第　　号

摘　要	总账科目	明细科目	借方金额									贷方金额									√
			百	十	万	千	百	十	元	角	分	百	十	万	千	百	十	元	角	分	
附件　　张　　　合 计 金 额																					

会计主管　　　　　　　会计　　　　　　　出纳　　　　　　　制单

图 4-95

情境35　31 日,结转本月损益类账户。

损益类科目发生额汇总表

2019 年 1 月 31 日

科　　目	借方发生额合计	贷方发生额合计
合　　计		

审核:　　　　　　　　　　　制表:

图 4-96

记账凭证

年　月　日　　　　　　　　　　　　字第　号

摘要	总账科目	明细科目	借方金额									贷方金额									√
			百	十	万	千	百	十	元	角	分	百	十	万	千	百	十	元	角	分	
附件　张	合　计　金　额																				

会计主管　　　　　　会计　　　　　出纳　　　　　制单

图 4-97

情境 36　31 日,计算并结转所得税。

应交所得税计算表

2019 年 1 月 31 日

会计利润	纳税调整	应纳税所得额	税率	应纳所得税额
			25%	

审核:　　　　　　　　　　　制表:

图 4-98

记账凭证

年　月　日　　　　　　　　　　　　字第　号

摘要	总账科目	明细科目	借方金额									贷方金额									√
			百	十	万	千	百	十	元	角	分	百	十	万	千	百	十	元	角	分	
附件　张	合　计　金　额																				

会计主管　　　　　　会计　　　　　出纳　　　　　制单

图 4-99

情境 37　31 日,结转净利润。

九龙家具有限公司内部转账单

2019 年 1 月 31 日

借贷方向	科 目	金 额

审核： 制表：

图 4-100

记账凭证

年 月 日 字第 号

摘要	总账科目	明细科目	借方金额									贷方金额									√
			百	十	万	千	百	十	元	角	分	百	十	万	千	百	十	元	角	分	
附件 张	合 计 金 额																				

会计主管 会计 出纳 制单

图 4-101

情境 38 31 日，提取法定公积金（按 10%）。

九龙家具有限公司内部转账单

2019 年 1 月 31 日

借贷方向	科 目	金 额

审核： 制表：

图 4-102

记账凭证

年 月 日 字第 号

摘要	总账科目	明细科目	借方金额									贷方金额									√
			百	十	万	千	百	十	元	角	分	百	十	万	千	百	十	元	角	分	
附件 张	合 计 金 额																				

会计主管 会计 出纳 制单

图 4-103

情境 39 31 日,向股东分配利润。

九龙家具有限公司内部转账单

2019 年 1 月 31 日

借贷方向	科　目	金　额

审核:　　　　　　　　　　　　　制表:

图 4-104

记账凭证

年　　月　　日　　　　　　　　　　　　　字第　　号

摘 要	总账科目	明细科目	借 方 金 额									贷 方 金 额									√
			百	十	万	千	百	十	元	角	分	百	十	万	千	百	十	元	角	分	
附件　　张		合 计 金 额																			

会计主管　　　　　　　会计　　　　　　出纳　　　　　　制单

图 4-105

情境 40 31 日,结转利润分配账户。

九龙家具有限公司内部转账单

2019 年 1 月 31 日

借贷方向	科　目	金　额

审核:　　　　　　　　　　　　　制表:

图 4-106

记账凭证

年　　月　　日　　　　　　　　　　　　　　　字第　　号

摘要	总账科目	明细科目	借方金额									贷方金额									√
			百	十	万	千	百	十	元	角	分	百	十	万	千	百	十	元	角	分	
附件　　张	合　计　金　额																				

会计主管　　　　　　　　会计　　　　　　　　出纳　　　　　　　　制单

图 4-107

第四节　建账和登账

一、账簿设置要求

　　企业、行政事业单位应根据自身经济活动的特点、国家有关会计制度的规定以及会计核算要求设置账簿,及时登记发生的经济业务。设置账簿包括确定账簿种类、数量、名称、账页格式、反映的内容等方面。

二、登账依据及原则

　　1.根据审核无误的会计凭证登记账簿,将会计凭证的日期、种类、编号、摘要、金额等内容逐项登记入账,并在相关凭证上划"√",表示已登记入账,以此避免重记、漏记经济业务。

　　2.会计账簿中书写的文字和数字上面要留有适当的空格,不要占满格,一般应占格距的1/2。

　　3.登记会计账簿必须使用蓝黑墨水或碳素墨水书写,不得使用圆珠笔或者铅笔书写,红色墨水多在结账划线、改错和冲账时使用。

　　4.会计账簿必须逐页、逐行顺序登记,不得隔页、跳行。如发生隔页、跳行,应在空页、空行处划线注销,或者注明"此页空白"或"此行空白"字样,并由记账人员签章。

　　5.对于需结出余额的账户,为标明余额方向,需在"借或贷"栏目内注明"借"或"贷"字样;没有余额的账户,应在"借或贷"栏内写"平"字,并在"余额"栏用"0"表示。现金日记账必须逐日结出余额。

6.每一页登记完毕需办理结转下页,结出本页合计数及余额,并在本页最后一行和下页第一行有关栏内,同时在摘要栏内注明"过次页"和"承前页";也可以将本页合计数及金额只写在下页第一行有关栏内,并在摘要栏内注明"承前页"字样。

三、建账和登账

完成九龙家具有限公司建账、登账。

总第＿＿＿页
分第＿＿＿页
会计科目或编码　＿＿＿＿＿＿＿＿＿

总 分 类 账

年 月	日	记账凭证号数	摘　要	对方科目	借　方 千百十万千百十元角分	贷　方 千百十万千百十元角分	借或贷	余　额 千百十万千百十元角分

图 4-108

总第_____页

分第_____页

会计科目或编码　　.....................

总 分 类 账

年		记账凭证号数	摘　要	对方科目	借　方									贷　方									借或贷	余　额								
月	日				千	百	十	万	千	百	十	元	角	分	千	百	十	万	千	百	十	元	角	分		千	百	十	万	千	百	十	元	角	分

图 4-109

总第＿＿＿页

分第＿＿＿页

会计科目或编码　＿＿＿＿＿＿＿＿＿

总 分 类 账

年		记账凭证号数	摘　要	对方科目	借　方									贷　方									借或贷	余　额								
月	日				千	百	十	万	千	百	十	元	角	分	千	百	十	万	千	百	十	元	角	分		千	百	十	万	千	百	十	元	角	分

图 4-110

总第＿＿页
分第＿＿页
会计科目或编码 ＿＿＿＿＿＿

总 分 类 账

年	年	记账凭证号数	摘　要	对方科目	借　方									贷　方									借或贷	余　额								
月	日				千	百	十	万	千	百	十	元	角	分	千	百	十	万	千	百	十	元	角	分		千	百	十	万	千	百	十	元	角	分

图 4-111

总第＿＿页
分第＿＿页
会计科目或编码 ＿＿＿＿＿＿＿＿＿＿＿

总 分 类 账

年		记账凭证号数	摘　　要	对方科目	借　方								贷　方								借或贷	余　额							
月	日				千	百	十	万	千	百	十	元	角	分	千	百	十	万	千	百	十	元	角	分		千	百	十	万	千	百	十	元	角	分

图 4-112

总第＿＿页
分第＿＿页
会计科目或编码　＿＿＿＿＿＿＿＿

总 分 类 账

年		记账凭证号数	摘　要	对方科目	借　方										贷　方										借或贷	余　额									
月	日				千	百	十	万	千	百	十	元	角	分	千	百	十	万	千	百	十	元	角	分		千	百	十	万	千	百	十	元	角	分

图 4-113

总第＿＿＿页
分第＿＿＿页
会计科目或编码 ＿＿＿＿＿＿＿＿＿＿

总 分 类 账

年		记账凭证号数	摘　　要	对方科目	借　方											贷　方											借或贷	余　额										
月	日				千	百	十	万	千	百	十	元	角	分		千	百	十	万	千	百	十	元	角	分		千	百	十	万	千	百	十	元	角	分

图 4-114

总第_____页
分第_____页
会计科目或编码　　……………

总　分　类　账

年		记账凭证号数	摘　　要	对方科目	借　　方											贷　　方											借或贷	余　　额										
月	日				千	百	十	万	千	百	十	元	角	分		千	百	十	万	千	百	十	元	角	分		千	百	十	万	千	百	十	元	角	分

图 4-115

总第_____页

分第_____页

会计科目或编码 ....

总 分 类 账

年		记账凭证号数	摘　要	对方科目	借　方									贷　方									借或贷	余　额								
月	日				千	百	十	万	千	百	十	元	角	分	千	百	十	万	千	百	十	元	角	分		千	百	十	万	千	百	十	元	角	分

图 4-116

总第＿＿＿页
分第＿＿＿页
会计科目或编码　＿＿＿＿＿＿＿＿＿

总 分 类 账

年		记账凭证号数	摘　要	对方科目	借　方									贷　方									借或贷	余　额								
月	日				千	百	十	万	千	百	十	元	角	分	千	百	十	万	千	百	十	元	角	分		千	百	十	万	千	百	十	元	角	分

图 4-117

总第_____页
分第_____页
会计科目或编码 ....

总 分 类 账

年		记账凭证号数	摘 要	对方科目	借 方									贷 方									借或贷	余 额								
月	日				千	百	十	万	千	百	十	元	角	分	千	百	十	万	千	百	十	元	角	分		千	百	十	万	千	百	十	元	角	分

图 4-118

总第＿＿＿页
分第＿＿＿页
会计科目或编码 ....

总 分 类 账

	年		记账凭证号数	摘 要	对方科目	借 方										贷 方										借或贷	余 额									
月	日					千	百	十	万	千	百	十	元	角	分	千	百	十	万	千	百	十	元	角	分		千	百	十	万	千	百	十	元	角	分

图 4-119

总第＿＿页
分第＿＿页
会计科目或编码 ＿＿＿＿＿＿＿＿

总 分 类 账

年		记账凭证号数	摘　要	对方科目	借　方										贷　方										借或贷	余　额									
月	日				千	百	十	万	千	百	十	元	角	分	千	百	十	万	千	百	十	元	角	分		千	百	十	万	千	百	十	元	角	分

图 4-120

总第＿＿页
分第＿＿页

总 分 类 账

会计科目或编码　＿＿＿＿＿＿＿＿＿＿

年		记账凭证号数	摘　　要	对方科目	借　方											贷　方											借或贷	余　额										
月	日				千	百	十	万	千	百	十	元	角	分	千	百	十	万	千	百	十	元	角	分		千	百	十	万	千	百	十	元	角	分	

图 4-121

总第＿＿页
分第＿＿页

总 分 类 账

会计科目或编码 ....

年		记账凭证号数	摘　　要	对方科目	借　方										贷　方										借或贷	余　额									
月	日				千	百	十	万	千	百	十	元	角	分	千	百	十	万	千	百	十	元	角	分		千	百	十	万	千	百	十	元	角	分

图 4-122

总第＿＿页
分第＿＿页

总 分 类 账

会计科目或编码 ＿＿＿＿＿＿＿＿＿

年		记账凭证号数	摘　　要	对方科目	借　方										贷　方										借或贷	余　额									
月	日				千	百	十	万	千	百	十	元	角	分	千	百	十	万	千	百	十	元	角	分		千	百	十	万	千	百	十	元	角	分

图 4-123

总第 ＿＿ 页
分第 ＿＿ 页
会计科目或编码 ....

总 分 类 账

年		记账凭证号数	摘　　要	对方科目	借　方									贷　方									借或贷	余　额								
月	日				千	百	十	万	千	百	十	元	角	分	千	百	十	万	千	百	十	元	角	分		千	百	十	万	千	百	十	元	角	分

图 4-124

总第＿＿页
分第＿＿页
会计科目或编码 ＿＿＿＿＿＿＿＿

总 分 类 账

年		记账凭证号数	摘　要	对方科目	借　方								贷　方								借或贷	余　额							
月	日				千	百	十	万	千	百	十	元	角	分	千	百	十	万	千	百	十	元	角	分		千	百	十	万	千	百	十	元	角	分

图 4-125

总 分 类 账

总第＿＿页
分第＿＿页
会计科目或编码 ....

年		记账凭证号数	摘　要	对方科目	借　方										贷　方										借或贷	余　额									
月	日				千	百	十	万	千	百	十	元	角	分	千	百	十	万	千	百	十	元	角	分		千	百	十	万	千	百	十	元	角	分

图 4-126

明 细 账

明细科目：＿＿＿＿＿＿＿＿

户　名：＿＿＿＿＿＿＿

总第＿＿＿＿页

分第＿＿＿＿页

年		记账凭证号数	摘　　要	对方科目	借　方									贷　方									借或贷	余　额								
月	日				千	百	十	万	千	百	十	元	角	分	千	百	十	万	千	百	十	元	角	分		千	百	十	万	千	百	十	元	角	分

图 4-127

明　细　账

明细科目：＿＿＿＿＿＿＿
户　名：＿＿＿＿＿＿

年		记账凭证号数	摘　要	对方科目	借　方										贷　方										借或贷	余　额									
月	日				千	百	十	万	千	百	十	元	角	分	千	百	十	万	千	百	十	元	角	分		千	百	十	万	千	百	十	元	角	分

图 4-128

明 细 账

明细科目：＿＿＿＿＿＿＿
户　名：＿＿＿＿＿＿

年		记账凭证号数	摘　要	对方科目	借　方										贷　方										借或贷	余　额									
月	日				千	百	十	万	千	百	十	元	角	分	千	百	十	万	千	百	十	元	角	分		千	百	十	万	千	百	十	元	角	分

图 4-129

95

明细账

总第_____页

分第_____页

明细科目:_____

户 名:_____

年		记账凭证号数	摘 要	对方科目	借 方										贷 方										借或贷	余 额									
月	日				千	百	十	万	千	百	十	元	角	分	千	百	十	万	千	百	十	元	角	分		千	百	十	万	千	百	十	元	角	分

图 4-130

明 细 账

明细科目：＿＿＿＿＿＿＿

户 名：＿＿＿＿＿＿＿

总第＿＿＿＿页

分第＿＿＿＿页

年		记账凭证号数	摘　要	对方科目	借　方									贷　方									借或贷	余　额								
月	日				千	百	十	万	千	百	十	元	角	分	千	百	十	万	千	百	十	元	角	分		千	百	十	万	千	百	十	元	角	分

图 4-131

明细科目：_____   **明 细 账**   总第 _____ 页

户　名：_____   分第 _____ 页

年		记账凭证号数	摘　要	对方科目	借　方									贷　方									借或贷	余　额								
月	日				千	百	十	万	千	百	十	元	角	分	千	百	十	万	千	百	十	元	角	分		千	百	十	万	千	百	十	元	角	分

图 4-132

明细科目：＿＿＿＿＿＿

明　细　账

户　名：＿＿＿＿＿＿

年		记账凭证号数	摘　要	对方科目	借　方									贷　方									借或贷	余　额								
月	日				千	百	十	万	千	百	十	元	角	分	千	百	十	万	千	百	十	元	角	分		千	百	十	万	千	百	十	元	角	分

图 4-133

明 细 账

明细科目：_____

户　名：_____

年		记账凭证号数	摘　要	对方科目	借　方									贷　方									借或贷	余　额								
月	日				千	百	十	万	千	百	十	元	角	分	千	百	十	万	千	百	十	元	角	分		千	百	十	万	千	百	十	元	角	分

图 4-134

明细科目：＿＿＿＿＿＿＿

户　名：＿＿＿＿＿＿＿

明 细 账

总第＿＿＿＿页

分第＿＿＿＿页

年		记账凭证号数	摘　要	对方科目	借　方	贷　方	借或贷	余　额
月	日				千百十万千百十元角分	千百十万千百十元角分		千百十万千百十元角分

图 4-135

明 细 账

明细科目:_____

户　名:_____

总第_____页

分第_____页

年		记账凭证号数	摘　　要	对方科目	借　方											贷　方											借或贷	余　额										
月	日				千	百	十	万	千	百	十	元	角	分	千	百	十	万	千	百	十	元	角	分		千	百	十	万	千	百	十	元	角	分

图 4-136

明细科目：＿＿＿＿＿＿　　　　　　　　　　**明 细 账**　　　　　　　　　　总第＿＿＿页

户　　名：＿＿＿＿＿＿　　　　　　　　　　　　　　　　　　　　　　　　分第＿＿＿页

年		记账凭证号数	摘　要	对方科目	借　方										贷　方										借或贷	余　额									
月	日				千	百	十	万	千	百	十	元	角	分	千	百	十	万	千	百	十	元	角	分		千	百	十	万	千	百	十	元	角	分

图 4-137

明细科目：_____

户　名：_____

明 细 账

总第_____页

分第_____页

年		记账凭证号数	摘　要	对方科目	借　方										贷　方										借或贷	余　额									
月	日				千	百	十	万	千	百	十	元	角	分	千	百	十	万	千	百	十	元	角	分		千	百	十	万	千	百	十	元	角	分

图 4-138

明 细 账

明细科目：＿＿＿＿＿＿＿

户　名：＿＿＿＿＿＿＿

总第＿＿＿＿页

分第＿＿＿＿页

年		记账凭证号数	摘　要	对方科目	借　方										贷　方										借或贷	余　额									
月	日				千	百	十	万	千	百	十	元	角	分	千	百	十	万	千	百	十	元	角	分		千	百	十	万	千	百	十	元	角	分

图 4-139

明细科目：_____   **明 细 账**   总第_____页

户　名：_____   分第_____页

年		记账凭证号数	摘　要	对方科目	借　方											贷　方											借或贷	余　额										
月	日				千	百	十	万	千	百	十	元	角	分	千	百	十	万	千	百	十	元	角	分		千	百	十	万	千	百	十	元	角	分

图 4-140

<h1 style="text-align:center">明 细 账</h1>

明细科目：_____

户　名：_____

总第 .... 页

分第 .... 页

年		记账凭证号数	摘　　要	对方科目	借　方									贷　方									借或贷	余　额								
月	日				千	百	十	万	千	百	十	元	角	分	千	百	十	万	千	百	十	元	角	分		千	百	十	万	千	百	十	元	角	分

图 4-141

明细科目：_____　　　　　　　　　　明 细 账　　　　　　　　　总第_____页

户　名：_____　　　　　　　　　　　　　　　　　　　　　　　　分第_____页

年		记账凭证号数	摘　要	对方科目	借　方										贷　方										借或贷	余　额									
月	日				千	百	十	万	千	百	十	元	角	分	千	百	十	万	千	百	十	元	角	分		千	百	十	万	千	百	十	元	角	分

图 4-142

账（借方多栏式）

科目……………………

年		凭证编号	摘要	借方发生额									借方分析																																																					
月	日			百	十	万	千	百	十	元	角	分	百	十	万	千	百	十	元	角	分	百	十	万	千	百	十	元	角	分	百	十	万	千	百	十	元	角	分	百	十	万	千	百	十	元	角	分	百	十	万	千	百	十	元	角	分	百	十	万	千	百	十	元	角	分

图4-143

账（借方多栏式）

科目

年		凭证编号	摘要	借方发生额										借方分析																																										
月	日			百	十	万	千	百	十	元	角	分		百	十	万	千	百	十	元	角	分	百	十	万	千	百	十	元	角	分	百	十	万	千	百	十	元	角	分	百	十	万	千	百	十	元	角	分	百	十	万	千	百	十	元	角	分	百	十	万	千	百	十	元	角	分

图4-144

账（借方多栏式）

科目............

年		凭证编号	摘 要	借方发生额										借方分析																																		
月	日			百	十	万	千	百	十	元	角	分	百	十	万	千	百	十	元	角	分	百	十	万	千	百	十	元	角	分	百	十	万	千	百	十	元	角	分	百	十	万	千	百	十	元	角	分	千	百	十	元	角	分

图4-145

账（借方多栏式）

科目

年		凭证编号	摘要	借方发生额								借方分析																																		
月	日			百	十	万	千	百	十	元	角	分	百	十	万	千	百	十	元	角	分	百	十	万	千	百	十	元	角	分	百	十	万	千	百	十	元	角	分	百	十	万	千	百	十	元	角	分

图4-146

账（借方多栏式）

科目

年		凭证编号	摘要	借方发生额	借方分析
月	日			百十万千百十元角分	千百十万千百十元角分 … 分

图4-147

账（借方多栏式）

科目........

年		凭证编号	摘要	借方发生额										借方分析																																																							
月	日			百	十	万	千	百	十	元	角	分		百	十	万	千	百	十	元	角	分	百	十	万	千	百	十	元	角	分	百	十	万	千	百	十	元	角	分	百	十	万	千	百	十	元	角	分	百	十	万	千	百	十	元	角	分	百	十	万	千	百	十	元	角	分

图 4-148

账（贷方多栏式）

科目————

年		凭证编号	摘要	贷方发生额	贷方分析
月	日			百十万千百十元角分	百十万千百十元角分 百十万千百十元角分 百十万千百十元角分 百十万千百十元角分 百十万千百十元角分 百十万千百十元角分

图4-149

账（贷方多栏式）

科目

年		凭证编号	摘要	贷方发生额	贷方分析					
月	日			百十万千百十元角分	百十万千百十元角分	百十万千百十元角分	百十万千百十元角分	百十万千百十元角分	百十万千百十元角分	百十万千百十元角分

图4-150

账（贷方多栏式）

科目

年		凭证编号	摘　要	贷方发生额											贷方分析																																																	
月	日			百	十	万	千	百	十	元	角	分		百	十	万	千	百	十	元	角	分	百	十	万	千	百	十	元	角	分	百	十	万	千	百	十	元	角	分	百	十	万	千	百	十	元	角	分	百	十	万	千	百	十	元	角	分	百	十	万	千	百	十	元	角	分

图4-151

117

账（贷方多栏式）

科目

年		凭证编号	摘要	贷方发生额									贷方分析																																													
月	日			百	十	万	千	百	十	元	角	分	百	十	万	千	百	十	元	角	分	百	十	万	千	百	十	元	角	分	百	十	万	千	百	十	元	角	分	百	十	万	千	百	十	元	角	分	百	十	万	千	百	十	元	角	分	百	十	万	千	百	十	元	角	分

图4-152

账（贷方多栏式）

科目				贷方发生额	贷方分析					
年		凭证编号	摘要	百十万千百十元角分	百十万千百十元角分	百十万千百十元角分	百十万千百十元角分	百十万千百十元角分	百十万千百十元角分	百十万千百十元角分
月	日									

图4-153

多栏式明细账

年		凭证编号	摘要	借																																																
月	日			百	十	万	千	百	十	元	角	分	百	十	万	千	百	十	元	角	分	百	十	万	千	百	十	元	角	分	百	十	万	千	百	十	元	角	分	百	十	万	千	百	十	元	角	分	百	十	万	千	百	十	元	角	分

图4-154

多栏式明细账

图4-155

年月日	凭证编号	摘要	百十万千百十元角分	百十万千百十元角分	百十万千百十元角分	百十万千百十元角分	百十万千百十元角分	百十万千百十元角分	百十万千百十元角分

多栏式明细账

| 年 | | 凭证编号 | 摘　　　要 | 百 | 十 | 万 | 千 | 百 | 十 | 元 | 角 | 分 | 百 | 十 | 万 | 千 | 百 | 十 | 元 | 角 | 分 | 百 | 十 | 万 | 千 | 百 | 十 | 元 | 角 | 分 | 百 | 十 | 万 | 千 | 百 | 十 | 元 | 角 | 分 | 百 | 十 | 万 | 千 | 百 | 十 | 元 | 角 | 分 | 百 | 十 | 万 | 千 | 百 | 十 | 元 | 角 | 分 | 十 | 万 | 千 | 百 | 十 | 元 | 角 | 分 |
月	日																																																																					

图4-156

多栏式明细账

年		凭证编号	摘　要	百	十	万	千	百	十	元	角	分	百	十	万	千	百	十	元	角	分	百	十	万	千	百	十	元	角	分	百	十	万	千	百	十	元	角	分	百	十	万	千	百	十	元	角	分	百	十	万	千	百	十	元	角	分	百	十	万	千	百	十	元	角	分
月	日																																																																					

图4-157

多栏式明细账

年		凭证编号	摘　要	百十万千百十元角分	百十万千百十元角分	百十万千百十元角分	百十万千百十元角分	百十万千百十元角分	百十万千百十元角分	百十万千百十元角分
月	日									

图4-158

管理费用　　明细账

年		凭单号	摘要	借方		贷方		借或贷	余额						
月	日			千百十万千百十元角分		千百十万千百十元角分			千百十万千百十元角分						

图4-159

会计综合实训

最高储存量 _____					数量金额式明细账										本账页数						

<table>
<tr><td colspan="4">编号 _____ 规格 _____</td><td colspan="17">单位 _____ 名称 _____</td></tr>
<tr><td colspan="2">年</td><td colspan="2">凭证</td><td rowspan="2">摘　要</td><td colspan="9">借　方</td><td colspan="9">贷　方</td><td>借或贷</td><td colspan="9">结　存</td></tr>
<tr><td>月</td><td>日</td><td>种类</td><td>号数</td><td>数量</td><td>单价</td><td>百</td><td>十</td><td>万</td><td>千</td><td>百</td><td>十</td><td>元</td><td>角</td><td>分</td><td>数量</td><td>单价</td><td>百</td><td>十</td><td>万</td><td>千</td><td>百</td><td>十</td><td>元</td><td>角</td><td>分</td><td></td><td>数量</td><td>单价</td><td>百</td><td>十</td><td>万</td><td>千</td><td>百</td><td>十</td><td>元</td><td>角</td><td>分</td></tr>
</table>

图 4-160

126

最高储存量 _____
最低储存量 _____

数量金额式明细账

| 本账页数 | |
| 本户页数 | |

编号 _____　规格 _____　　　　　　单位 _____　名称 _____

年		凭证		摘要	借　方										贷　方										借或贷	结　存									
月	日	种类	号数		数量	单价	百	十	万	千	百	十	元	角	分	数量	单价	百	十	万	千	百	十	元	角	分		数量	单价	百	十	万	千	百	十	元	角	分

图 4-161

最高储存量 _____　　　　　　**数量金额式明细账**　　　　　| 本账页数 | |
最低储存量 _____　　　　　　　　　　　　　　　　　　　　| 本户页数 | |

编号 _____　规格 _____　　　　　　　　　　　单位 _____　名称 _____

年		凭证		摘　要	借　方			贷　方			借或贷	结　存		
月	日	种类	号数		数量	单价	百十万千百十元角分	数量	单价	百十万千百十元角分		数量	单价	百十万千百十元角分

图 4-162

最高储存量 _____

最低储存量 _____

数量金额式明细账

	本账页数	
	本户页数	

编号 _____　规格 _____　　　　　　　　　　　单位 _____　名称 _____

年		凭证		摘要	借　　方			贷　　方			借或贷	结　　存		
月	日	种类	号数		数量	单价	百十万千百十元角分	数量	单价	百十万千百十元角分		数量	单价	百十万千百十元角分

图 4-163

最高储存量 _____ 数量金额式明细账

最低储存量 _____

本账页数	
本户页数	

编号 _____ 规格 _____ 单位 _____ 名称 _____

年		凭证		摘要	借方			贷方			借或贷	结存		
月	日	种类	号数		数量	单价	百十万千百十元角分	数量	单价	百十万千百十元角分		数量	单价	百十万千百十元角分

图 4-164

最高储存量 _____
最低储存量 _____

数量金额式明细账

本账页数	
本户页数	

编号 _____　规格 _____　　　　　　单位 _____　名称 _____

年		凭证		摘要	借　方			贷　方			借或贷	结　存		
月	日	种类	号数		数量	单价	百十万千百十元角分	数量	单价	百十万千百十元角分		数量	单价	百十万千百十元角分

图 4-165

其他应收款明细账（横线登记式）

年		凭证号数	摘　要	户名	借方（借支）										贷方(报销、收回)																										备注
月	日				百	十	万	千	百	十	元	角	分	年		凭证号数	报销金额									收回金额									
														月	日		百	十	万	千	百	十	元	角	分	百	十	万	千	百	十	元	角	分	

图 4-166

第五节　科目汇总表

　　科目汇总表核算程序是指根据记账凭证定期编制科目汇总表,再根据科目汇总表定期登记总分类账。

一、编制程序

　　1.根据原始凭证或汇总原始凭证填列各种记账凭证。

　　2.根据收款凭证和付款凭证逐日逐笔登记现金日记账和银行存款日记账。

　　3.根据各种原始凭证或汇总原始凭证、记账凭证登记各种明细账。

　　4.根据各种记账凭证,定期编制科目汇总表。

　　5.根据科目汇总表登记总分类账。

　　6.月终,将现金日记账、银行存款日记账、明细账的余额同有关总账账户余额进行核对,保证账账相符。

　　7.根据总账和明细账编制会计报表。

二、科目汇总表的编制

　　按旬编制九龙家具有限公司科目汇总表。

科目汇总表

企业单位：　　　　　　　　　年　　月　　日　　附记账凭证　　张

科目名称	借方金额											贷方金额										
	十	亿	千	百	十	万	千	百	十	元	角	分	十	亿	千	百	十	万	千	百	十	元	角	分
合计																						

会计　　　　记账　　　　复核　　　　制表

图 4-167

科目汇总表

企业单位：　　　　　　　　　年　　月　　日　　附记账凭证　　张

科目名称	借方金额												贷方金额											
---	十	亿	千	百	十	万	千	百	十	元	角	分	十	亿	千	百	十	万	千	百	十	元	角	分
合计																								

会计　　　　记账　　　　复核　　　　　制表

图 4-168

科目汇总表

企业单位：　　　　　　　　　年　　月　　日　　附记账凭证　　张

科目名称	借方金额												贷方金额											
	十	亿	千	百	十	万	千	百	十	元	角	分	十	亿	千	百	十	万	千	百	十	元	角	分
合计																								

会计　　　　　记账　　　　　复核　　　　　　制表

图 4-169

科目汇总表

企业单位：　　　　　　　　　　　年　　月　　日　　附记账凭证　　张

科目名称	借方金额											贷方金额										
	十	亿	千	百	十	万	千	百	十	元	角	分	十	亿	千	百	十	万	千	百	十	元	角	分
合计																								

会计　　　　　记账　　　　　复核　　　　　制表

图 4-170

第六节　对账和结账

一、对账

（一）对账的概念

对账,即按照一定的方法核对账目,检查账簿记录的正确性,简单地说就是核对账目。在实际会计工作中,由于各种主客观因素的影响,难免会造成账簿记录的错误,导致账实不符。发生这些错误,有些是人为引起,如记账凭证填制、记账、过账错误,以及财产物资的盘亏盘盈等;有些错误是客观环境造成,如自然原因造成的或者财产自身的合理损益。因此,企业为了保证账簿记录的正确性,真实反映企业的经济业务,为编制会计报表提供可靠正确的数据,在结账前应该做对账工作。

（二）对账的内容

1.账证核对

尽管账簿记录是根据审核无误的会计凭证填制,但是在实际工作中,由于记账人员的疏忽可能会造成账簿记录的错误,从而发生账证不符情况。账证核对就是核对账簿记录与相关原始凭证、记账凭证记录的时间、凭证字号、内容、金额是否一致,记账方向是否相符。

2.账账核对

账账核对是核对不同会计账簿之间的记录是否相符。主要分为以下几组核对内容:

（1）总分类账簿之间的核对。一是将全部总分类账簿的本期借方发生额合计数与本期贷发生方额合计数进行核对;二是将全部总分类账簿的借方余额合计数与贷方余额合计数进行核对。这组核对可以通过编制总账试算平衡表来完成。

（2）总分类账簿与明细分类账簿的核对。检查总分类账簿的本期发生额、余额与其所属明细分类账簿的本期发生额、余额是否一致;检查所记录的经济业务和记账方向是否一致。这组核对可以通过编制明细分类账本期发生额、余额对照表来完成。

（3）总分类账簿与日记账的核对。将"银行存款""库存现金"总分类账簿的余额与"银行存款日记账""现金日记账"的余额进行核对,检查记录是否相符。

（4）明细分类账簿之间的核对。将财会部门各种财产物资明细账余额与实务保管、使用部门的有关财产物资记录的余额相核对,检查记录是否相符。

3.账实核对

（1）将"现金日记账"账面余额与企业现金实存数进行核对。

（2）将"银行存款日记账"账面余额与银行对账单上的余额进行核对。

（3）将各种财产物资的明细账账面余额与该项财产物资的实际结存数进行核对。

（4）将应收、应付款项的明细账账面余额与对方单位或个人进行核对。

二、结账

结账就是本期(月末、季末、年末)的记账凭证全部登记完毕后,按照相关规定,结出各个账户的本期发生额和期末余额。结账的方法大致分为月度结账、季度结账、年度结账3种。

（一）月度结账

月度结账又称为月结,是指在每月最后一天进行结账。月结的方法是:在本月最后一笔经济业务的记录下面画一条通栏红线,在红线的下行"摘要"栏内注明"本月合计"或"本月发生额及余额"。在对应的"借方""贷方""余额"3栏分别计算出借方本期发生额、贷方发生额及期末余额,然后在此行下面再画一条通栏红线。

银行存款总分类账

2018年		凭证编号	摘要	对方科目	借方										贷方										借或贷	余额									
月	日				千	百	十	万	千	百	十	元	角	分	千	百	十	万	千	百	十	元	角	分		千	百	十	万	千	百	十	元	角	分
1	1		上年结转																						借			7	0	0	0	0	0	0	0
			略																																
1	31		本月合计					6	0	0	0	0	0	0				8	5	0	0	0	0	0	借				4	5	0	0	0	0	0
			略																																

图 4-171

（二）季度结账

季度结账又称为季结,是指在每个季度最后一天进行结账。季结的方法是:在本季度最后一个月的月结记录下一行"摘要"栏内注明"本季累计"或"本季发生额及余额"。在对应的"借方""贷方""余额"3栏分别计算出本季3个月的借方发生额、贷方发生额及期末余额,然后在此行下面再画一条通栏红线。

（三）年度结账

年度结账又称为年结,是指在每年最后一天进行结账。年度终了时,所

银行存款总分类账

2018年 月	日	凭证编号	摘要	对方科目	借方 千百十万千百十元角分	贷方 千百十万千百十元角分	借或贷	余额 千百十万千百十元角分
1	1		上年结转				借	7 0 0 0 0 0 0
			略					
1	31		本月合计		6 0 0 0 0 0 0	8 5 0 0 0 0 0	借	4 5 0 0 0 0 0
			略					
			略					
3	31		本月合计		4 5 0 0 0 0 0	3 3 0 0 0 0 0	借	5 7 0 0 0 0 0
	31		本季累计		1 5 9 0 0 0 0 0	1 7 2 0 0 0 0 0	借	5 7 0 0 0 0 0
			略					

图 4-172

有总账账户都要进行年度结账。年结的方法是：在本年最后一个季度的季结记录下一行"摘要"栏内注明"本年累计"或"本年发生额及余额"。在对应的"借方""贷方""余额"3栏分别计算出本年的借方发生额、贷方发生额及期末余额，然后在此行下面画两条通栏红线。

银行存款总分类账

2018年 月	日	凭证编号	摘要	对方科目	借方 千百十万千百十元角分	贷方 千百十万千百十元角分	借或贷	余额 千百十万千百十元角分
1	1		上年结转				借	7 0 0 0 0 0 0
			略					
1	31		本月合计		6 0 0 0 0 0 0	8 5 0 0 0 0 0	借	4 5 0 0 0 0 0
			略					
			略					
3	31		本月合计		4 5 0 0 0 0 0	3 3 0 0 0 0 0	借	5 7 0 0 0 0 0
	31		本季累计		1 5 9 0 0 0 0 0	1 7 2 0 0 0 0 0	借	5 7 0 0 0 0 0
			略					
			略					
12	31		本月合计		5 4 0 0 0 0 0	6 1 0 0 0 0 0	借	5 0 0 0 0 0 0
	31		本季累计		1 7 6 0 0 0 0 0	1 8 3 0 0 0 0 0	借	5 0 0 0 0 0 0
	31		本年累计		6 6 0 0 0 0 0 0	6 0 0 0 0 0 0 0	借	5 0 0 0 0 0 0
	31		结转下年			5 0 0 0 0 0 0	平	0

图 4-173

三、对账和结账

完成九龙家具有限公司 2019 年 1 月的对账、结账工作。

第五话
达人主管

第一节　岗位介绍

一、会计主管的权限

1.检查资产的使用情况,并提出改进意见。

2.编制单位资金使用计划,参与经营决策。

3.法律法规和单位赋予的其他权力。

二、会计主管的工作内容

1.组织、指导编制本年度财务计划,参与制订单位的经营计划,并组织实施。

2.协助单位相关部门对单位战略投资进行分析。

3.组织编制项目预算、项目决算,及时反映各项目的经营业绩。

4.审核记账凭证和资金使用报表,编制财务报表。

5.进行纳税申报和税款缴纳。

6.监督单位调动及离职人员及时办好各类交接手续。

7.完成领导交办的其他工作。

第二节　记账凭证的审核

一、审核内容

（一）合规性审核

审核记账凭证的合规性,即根据执行的会计法律、会计法规、会计制度及会计准则等法律规定,审核记账凭证所确定的会计分录是否合规、合法,是否真实反映所附原始凭证的经济内容。

（二）完整性审核

审核记账凭证的完整性,即逐项审核记账凭证的填制单位名称、填制日期、编号、摘要、会计科目、借贷方向、金额、所附原始凭证张数、有关人员签章等基本内容是否填写完整。

（三）准确性审核

审核记账凭证的准确性,即检查各项内容是否填写清晰、准确。根据记账凭证的填制要求,审核记账凭证的摘要,应借、应贷会计科目及金额以及账户对应关系是否准确。

二、审核结果处理

（一）记账前

记账凭证在未登记会计账簿前发生错误的,应当将错误的记账凭证作废,重新填制。

（二）记账后且结账前

已经完成会计账簿登记工作的记账凭证,在当年内发现填写错误:

1.记账凭证正确而账簿记录中的文字或数字错误。首先,在错误的文字或全部数字上画一条红线注销,但要保持原有记录的内容清晰易于辨认。其次,将正确的文字或数字用蓝、黑色墨水笔书写在被注销的文字或数字上端的空白处,并由记账人员在更正处签章,以明确责任。

【例】1 月 2 日,支付货款。错误类型及更正方法如下:

记账凭证

2019 年 1 月 2 日　　　　　　　记字第 22 号

摘　要	会 计 科 目	借方金额									贷方金额									√
		百	十	万	千	百	十	元	角	分	百	十	万	千	百	十	元	角	分	
支付货款	应付账款-明光公司		5	0	0	0	0	0	0											
	银行存款											5	0	0	0	0	0	0		
附件　1　张	合 计 金 额	￥	5	0	0	0	0	0	0		￥	5	0	0	0	0	0	0		

图 5-1

应付账款明细账

明细科目:　　明光公司

2019 年		记账凭证号数	摘　要	对方科目	借　方									贷　方									借或贷	余　额								
月	日				千	百	十	万	千	百	十	元	角	分	千	百	十	万	千	百	十	元	角	分		千	百	十	万	千	百	十	元	角	分
1	1		期初金额																						贷		1	0	0	0	0	0	0	0	0
	2	账22	支付前欠货款					5	0	0	0	0	0	甘静										贷			5	0	0	0	0	0	甘静
								5	0	0	0	0	0														9	5	0	0	0	0	0

图 5-2

2.会计分录错误。用红字填写一张与原内容相同的记账凭证,在摘要栏注明"注销×月×日×号凭证"字样,同时再用蓝字重新填制一张正确的记账凭证,在摘要栏注明"订正×月×日×号凭证"字样。

【例】1月4日,购买办公用品 A4 纸花费 300 元。错误类型及更正方法如下:

记账凭证

2019 年 1 月 4 日　　　　　　　　　记字第 28 号

摘　要	会 计 科 目	借 方 金 额								贷 方 金 额								√
		百	十	万	千	百	十	元	角	分	百	十	万	千	百	十	元	角	分	
买办公用品	销售费用				3	0	0	0	0											
	库存现金													3	0	0	0	0		
附件　1　张	合 计 金 额			¥	3	0	0	0	0			¥	3	0	0	0	0			

图 5-3

记账凭证

2019 年 1 月 4 日　　　　　　　　　记字第 100 号

摘　要	会 计 科 目	借 方 金 额								贷 方 金 额								√
		百	十	万	千	百	十	元	角	分	百	十	万	千	百	十	元	角	分	
注销1月4日28号凭证	销售费用				3	0	0	0	0											
	库存现金													3	0	0	0	0		
附件　0　张	合 计 金 额			¥	3	0	0	0	0			¥	3	0	0	0	0			

图 5-4

记账凭证

2019 年 1 月 4 日　　　　　　　　　记字第 101 号

摘　要	会 计 科 目	借 方 金 额								贷 方 金 额								√
		百	十	万	千	百	十	元	角	分	百	十	万	千	百	十	元	角	分	
订正1月4日28号凭证	管理费用				3	0	0	0	0											
	库存现金													3	0	0	0	0		
附件　0　张	合 计 金 额			¥	3	0	0	0	0			¥	3	0	0	0	0			

图 5-5

3.金额多记。计算出正确数字与错误数字之间的差额,填制一张红字记账凭证,并在"摘要"栏注明"冲销×月×日×号凭证多记金额"字样。

【例】支付广告费 1 000 元。错误类型及更正方法如下：

记账凭证

2019 年 1 月 15 日　　　　　　　　　　记字第 40 号

摘　要	会 计 科 目	借 方 金 额									贷 方 金 额									√
		百	十	万	千	百	十	元	角	分	百	十	万	千	百	十	元	角	分	
支付广告费	销售费用				1	0	0	0	0	0										
	银行存款													1	0	0	0	0	0	
附件　1　张	合 计 金 额			¥	1	0	0	0	0	0			¥	1	0	0	0	0	0	

图 5-6

记账凭证

2019 年 1 月 15 日　　　　　　　　　　记字第 102 号

摘　要	会 计 科 目	借 方 金 额									贷 方 金 额									√
		百	十	万	千	百	十	元	角	分	百	十	万	千	百	十	元	角	分	
冲销 1 月 15 日 40 号凭证多记金额	销售费用				9	0	0	0	0	0										
	银行存款													9	0	0	0	0	0	
附件　0　张	合 计 金 额			¥	9	0	0	0	0	0			¥	9	0	0	0	0	0	

图 5-7

4.金额少记。计算出正确数字与错误数字之间的差额,填制一张蓝字记账凭证,并在"摘要"栏注明"补充×月×日×号凭证少记金额"字样。

【例】支付员工预借差旅费 980 元。错误类型及更正方法如下：

记账凭证

2019 年 1 月 17 日　　　　　　　　　　记字第 45 号

摘　要	会 计 科 目	借 方 金 额									贷 方 金 额									√
		百	十	万	千	百	十	元	角	分	百	十	万	千	百	十	元	角	分	
预借差旅费	其他应收款					6	8	0	0	0										
	库存现金														6	8	0	0	0	
附件　1　张	合 计 金 额				¥	6	8	0	0	0				¥	6	8	0	0	0	

图 5-8

记账凭证

2019 年 1 月 17 日   记字第 103 号

摘 要	会 计 科 目	借 方 金 额										贷 方 金 额										√
		百	十	万	千	百	十	元	角	分	百	十	万	千	百	十	元	角	分	
补充 1 月 17 日 45 号凭证少记金额	其他应收款					3	0	0	0	0										
	库存现金														3	0	0	0	0	
附件 0 张	合 计 金 额				¥	3	0	0	0	0				¥	3	0	0	0	0	

图 5-9

第三节　财务报表

一、资产负债表

（一）资产负债表的概念

资产负债表是反映企业某一特定日期的财务状况的报表。

（二）资产负债表的编制方法

资产负债表由年末余额和期初余额两栏组成。资产负债表的"年初余额"栏内各项数字，应根据上年末资产负债表"期末余额"栏内所列数字填列。

"期末余额"栏内各项数字，应根据有关总分类账户及其明细分类账户的期末余额直接或分析计算填列，具体看下列两种情况：

1. 根据有关账户的期末余额直接填列，包括"短期借款""应交税费""应收票据""应付职工薪酬""实收资本""资本公积""盈余公积"等项目。

2. 根据有关账户的余额分析计算填列。

（1）依据总账分析计算填列的有：

货币资金＝"库存现金"＋"银行存款"＋"其他货币资金"

存货＝"在途物资"＋"原材料"＋"周转材料"＋"库存商品"＋"委托加工物资"＋"生产成本"－"存货跌价准备"

如果存货按计划成本核算还应加上或减去"材料成本差异"。

固定资产＝"固定资产"－"累计折旧"

无形资产＝"无形资产"－"累计摊销"

未分配利润项目：

①未分配利润＝"本年利润"贷方余额+"利润分配"贷方余额

②未分配利润＝"本年利润"借方余额+"利润分配"借方余额（以"－"号填列）

③未分配利润＝"本年利润"贷方余额+"利润分配"借方余额或"利润分配"贷方余额－"本年利润"借方余额（若借方余额大于贷方余额，以"－"号填列）

（2）依据明细账期末余额分析计算填列：

应付账款＝"应付账款"+所属各明细账贷方余额+"预付账款"所属各明细账贷方余额

预付账款＝"预付账款"+所属各明细账借方余额+"应付账款"所属各明细账借方余额

预收账款＝"预收账款"+所属各明细账贷方余额+"应收账款"所属各明细账贷方余额

（3）依据总账和明细账期末余额分析计算填列：

应收账款＝"应收账款"+所属各明细账借方余额+"预收账款"所属各明细账借方余额－"坏账准备"贷方余额

长期借款＝"长期借款"余额－"长期借款"明细账户余额（一年内到期）

应付债券＝"应付债券"余额－"应付债券"明细账户余额（一年内到期）

（三）编制资产负债表

完成九龙家具有限公司 2019 年 1 月 31 日资产负债表的编制。

资产负债表　　　　　　　　　　　　　　会企 01 表

单位名称：　　　　　　　　　　年　月　日　　　　　　　　　　单位:元

资　产	年初余额	期末余额	负债和所有者权益 （或股东权益）	年初余额	期末余额
流动资产:			流动负债:		
货币资金			短期借款		
交易性金融资产			交易性金融负债		
应收票据			应付票据		
应收账款			应付账款		
预付款项			预收款项		
应收利息			应付职工薪酬		
应收股利			应交税费		
其他应收款			应付利息		
存货			应付股利		
一年内到期的非流动资产			其他应付款		
其他流动资产			一年内到期的非流动负债		
流动资产合计			其他流动负债		
非流动资产:			流动负债合计		
可供出售金融资产			非流动负债:		
持有至到期投资			长期借款		
长期应收款			应付债券		

续表

资　产	年初余额	期末余额	负债和所有者权益 （或股东权益）	年初余额	期末余额
长期股权投资			长期应付款		
投资性房地产			专项应付款		
固定资产			预计负债		
在建工程			递延所得税负债		
工程物资			其他非流动负债		
固定资产清理			非流动负债合计		
生产性生物资产			负债合计		
油气资产			所有者权益（或股东权益）：		
无形资产			实收资本（或股本）		
开发支出			资本公积		
商誉			减：库存股		
长期待摊费用			盈余公积		
递延所得税资产			未分配利润		
其他非流动资产			所有者权益（或股东权益）合计		
非流动资产合计					
资产总计			负债和所有者权益（或股东权益）总计		

图 5-10

二、利润表

（一）利润表的概念

利润表是反映企业在一定会计期间的经营成果的报表。

其计算公式如下：

营业利润=营业收入-营业成本-营业税金及附加-销售费用-管理费用-财务费用+投资收益

利润总额=营业利润+营业外收入-营业外支出

净利润=利润总额-所得税费用

（二）编制利润表

完成九龙家具有限公司 2019 年 1 月利润表的编制。

利润表　　　　　会企 02 表

编制单位：　　　　　　　年　月　　　　　　单位：元

项　目	本期金额	上期金额
一、营业收入		
减：营业成本		
营业税金及附加		
减：销售费用		
管理费用		
财务费用		

续表

项　　目	本期金额	上期金额
资产减值损失		
加:公允价值变动收益(损失以"-"填列)		
投资收益(损失以"-"填列)		
其中:对联营企业和合营企业的投资收益		
二、营业利润(亏损以"-"填列)		
加:营业外收入		
减:营业外支出		
其中:非流动资产处置损失		
三、利润总额(亏损总额以"-"填列)		
减:所得税费用		
四、净利润(净亏损以"-"填列)		

图 5-11

第四节　纳税申报

一、增值税纳税申报

增值税纳税申报时间由税务机关核定纳税期限。增值税的纳税期限分别为 1 日、3 日、5 日、10 日、15 日、1 个月或者一个季度。

（一）增值税一般纳税人申报流程

1.纳税人在征期内打开互联网登录开票系统进行抄税,通过网上或办税厅抄报,向税务机关上传上月增值税的开票数据。

2.纳税人登录网上申报软件进行网上申报,通过税银联网实时扣缴税款。

3.扣税成功后,纳税人返回开票系统对税控设备进行清零解锁。

（二）增值税一般纳税人申报表及其附列资料申报步骤

增值税一般纳税人申报表较多,其中主表增值税纳税申报表、附表(一)本期销售情况明细、附表(二)本期进项税额明细、附表(四)税额抵减情况表、附表(五)不动产分期抵扣计算表都是必填表,不管有无数据都要打开相应报表填写保存。

1.附表(一)本期销售情况明细的填写方法。

（1）第 1、2 列填写开具增值税专用发票(含税控机动车销售发票)不含税销售额。

（2）第3、4列填写开具除增值税专用发票以外本期开具的其他发票的不含税销售额。

（3）第5、6列如实填写本期未开具发票的不含税销售额。

（4）第7、8列如实填写纳税检查调整的不含税销售额。

（5）第9至11列公式计算。

（6）从第12列开始针对应税服务涉及差额征税的增值税纳税人，其他纳税人不填写。第11、12列的数据与附表（三）服务、不动产和无形资产扣除项目明细差额征税会勾稽。

（7）第13、14列公式计算。

增值税纳税申报表附列资料（一）
（本期销售情况明细）

税款所属时间：　　年　月　日至　　年　月　日

纳税人名称：　　　　　　　　　　　　　　　　　　　　　　　　　金额单位：元至角分

项目及栏次			开具税控增值税专用发票		开具其他发票		未开具发票		纳税检查调整		合计			服务、不动产和无形资产扣除项目本期实际扣除金额	扣除后	
			销售额	销项（应纳税额）	销售额	销项（应纳税额）	销售额	销项（应纳税额）	销售额	销项（应纳税额）	销售额	销项（应纳税额）	价税合计		含税（免税）销售额	销项（应纳）税额
			1	2	3	4	5	6	7	8	9=1+3+5+7	10=2+4+6+8	11=9+10	12	13=11-12	14=13÷(100%+税率或征收率)×税率或征收率
一、一般计税方法计税	全部征税项目	16%税率的货物及加工修理修配劳务	1													
		16%税率的服务、不动产和无形资产	2													
		13%税率	3													
		10%税率的货物及加工修理修配劳务	4a													
		10%税率的服务、不动产和无形资产	4b													
		6%税率	5													
	其中：即征即退项目	即征即退项目货物及加工修理修配劳务	6													
		即征即退项目服务、不动产和无形资产	7													

续表

二、简易计税方法计税	全部征税项目	6%征收率	8							
		5%征收率的货物及加工修理修配劳务	9a							
		5%征收率的服务、不动产和无形资产	9b							
		4%征收率	10							
		3%征收率的货物及加工修理修配劳务	11							
		3%征收率的服务、不动产和无形资产	12							
		预征率0%	13a							
		预征率0%	13b							
		预征率0%	13c							
	其中:即征即退项目	即征即退项目货物及加工修理修配劳务	14							
		即征即退项目服务、不动产和无形资产	15							
三、免抵退税		货物及加工修理修配劳务	16							
		服务、不动产和无形资产	17							
四、免税		货物及加工修理修配劳务	18							
		服务、不动产和无形资产	19							

图 5-12

增值税纳税申报表附列资料(三)
(服务、不动产和无形资产扣除项目明细)

税款所属时间: 年 月 日至 年 月 日

纳税人名称: 金额单位:元至角分

项目及栏次		本期服务、不动产和无形资产价税合计额(免税销售额)	服务、不动产和无形资产扣除项目				
			期初余额	本期发生额	本期实际扣除金额	本期应扣除金额	期末余额
		1	2	3	4 = 2+3	5(5≤1且5≤4)	6 = 4−5
16%税率的项目	1						
10%税率的项目	2						
6%税率的项目(不含金融商品转让)	3						
6%税率的金融商品转让项目	4						
5%征收率的项目	5						
3%征收率的项目	6						
免抵退税的项目	7						
免税的项目	8						

图 5-13

2.附表(二)本期进项税额明细的填写方法。

(1)第2、3栏次分别按照本期、前期认证的月汇总数据进行填写。

(2)第5栏次如实填写海关进口增值税专用缴款书,申报比对时会与海关稽核系统数据比对。

(3)第6栏次反映企业农产品进项税额,此栏是灰色的,数据来源于"农产品核定扣除增值税进项税额计算表(汇总表)"合计数。

(4)第7栏次网报是有控制的,不应填写此行的单位,否则填写完保存时会报错,显示为红色字体,另外现在还增加了数据比对,预缴有错的也会报错,鼠标放在红色字体附近会出现错误的具体提示。

(5)第9、10栏次填写与不动产有关的进项税额。如有不动产分期抵扣项目的,填写附表(五)不动产分期抵扣计算表(见图5-15)。注意附表(五)第五列"本期转出的待抵扣不动产进项税额"要大于等于零,不允许填写负数。

(6)第14—23栏次填写的数据要大于等于零,不允许填写负数。

增值税纳税申报表附列资料(二)
(本期进项税额明细)

税款所属时间:　　　年　月　日至　　年　月　日

纳税人名称:　　　　　　　　　　　　　　　　　　　金额单位:元至角分

一、申报抵扣的进项税额				
项　目	栏　次	份数	金额	税额
(一)认证相符的增值税专用发票	1=2+3			
其中:本期认证相符且本期申报抵扣	2			
前期认证相符且本期申报抵扣	3			
(二)其他扣税凭证	4=5+6+7+8a+8b			
其中:海关进口增值税专用缴款书	5			
农产品收购发票或者销售发票	6			
代扣代缴税收缴款凭证	7			
加计扣除农产品进项税额	8a			
其他	8b			
(三)本期用于购建不动产的扣税凭证	9			
(四)本期不动产允许抵扣进项税额	10			
(五)外贸企业进项税额抵扣证明	11			
当期申报抵扣进项税额合计	12=1+4-9+10+11			
二、进项税额转出额				
项　目	栏　次		税额	
本期进项税额转出	13=14至23之和			
其中:免税项目用	14			
集体福利、个人消费	15			
非正常损失	16			
简易计税方法征税项目用	17			

续表

项　目	栏次	份数	金额	税额
免抵退税办法不得抵扣的进项税额	18			
纳税检查调减进项税额	19			
红字专用发票信息表注明的进项税额	20			
上期留抵税额抵减欠税	21			
上期留抵税额退税	22			
其他应作进项税额转出的情形	23			
三、待抵扣进项税额				
项　目	栏　次	份数	金额	税额
(一)认证相符的增值税专用发票	24			
期初已认证相符但未申报抵扣	25			
本期认证相符且本期未申报抵扣	26			
期末已认证相符但未申报抵扣	27			
其中:按照税法规定不允许抵扣	28			
(二)其他扣税凭证	29=30至33之和			
其中:海关进口增值税专用缴款书	30			
农产品收购发票或者销售发票	31			
代扣代缴税收通用缴款书	32			
其他	33			
四、其他				
项　目	栏　次	份数	金额	税额
本期认证相符的增值税专用发票	34			
代扣代缴税额	35			

图 5-14

增值税纳税申报表附列资料(五)
(不动产分期抵扣计算表)

税款所属时间:　　年　月　日至　　年　月　日

纳税人名称:　　　　　　　　　　　　　　　　　　　　　金额单位:元至角分

期初待抵扣不动产进项税额	本期不动产进项税额增加额	本期可抵扣不动产进项税额	本期转入的待抵扣不动产进项税额	本期转出的待抵扣不动产进项税额	期末待抵扣不动产进项税额
1	2	3≦1+2+4	4	5≦1+4	6=1+2-3+4-5

图 5-15

3.附表(四)税额抵减情况表的填写方法。

(1)反映纳税人税额抵减情况;

(2)第3至5栏企业在非机构所在地预缴的税款,回到机构所在地填写时,可以抵减。

增值税纳税申报表附列资料（四）
（税额抵减情况表）

税款所属时间： 年 月 日至 年 月 日

纳税人名称：

金额单位：元至角分

序号	抵减项目	期初余额	本期发生额	本期应抵减税额	本期实际减税额	期末余额
		1	2	3＝1+2	4≤3	5＝3-4
1	增值税控税系统专用设备费及技术维修费					
2	分支机构预征缴纳税款					
3	建筑服务预征缴纳税款					
4	销售不动产预征缴纳税款					
5	出租不动产预征缴纳税款					

图 5-16

4.主表增值税纳税申报表的填写方法。

附表填写完毕后才可以填写主表，一部分栏次与附表存在数据对应关系，网上申报可实现自动读数，另一部分栏次需要纳税人根据自身实际情况自行区分并填写。

（三）申报增值税

完成九龙家具有限公司 2019 年 1 月的增值税申报。

二、企业所得税纳税申报

（一）季（月）度预缴纳税申报

企业所得税按月或者按季预缴，企业应当自月份或者季度终了之日起 15 日内，向税务机关报送预缴企业所得税纳税申报表，预缴税款。

中华人民共和国企业所得税月（季）度预缴纳税申报表（A 类）适用于实行查账征收企业所得税的居民纳税人在月（季）度预缴企业所得税时使用。

1.第 1 行填报按照国家会计规定核算的营业收入。包含"主营业务收入"和"其他业务收入"。

2.第 2 行填报按照国家会计规定核算的营业成本。包含"主营业务成本"和"其他业务成本"。没有其他成本费用项目"税金及附加""期间费用""营业外收支"等。

3.第 3 行填报按照国家会计规定核算的利润总额。本行数据与利润表列示的利润总额必须一致。

4.第 4 行目前仅针对房地产企业填写。

5.第 5 行填报属于税法规定的不征税收入。

6.第 6 行填报应通过"不征税收入和税基类减免应纳税所得额明细表"（附表一）。

7.第 7 行填报应通过"固定资产加速折旧（扣除）明细表"（附表二）。

8.第 8 行填报按照税收规定可在企业所得税前弥补的以前年度尚未弥补的亏损额。

9.第 12 行填报应通过"减免所得税额明细表"(附表三)。

10.第 13 行填报纳税人本年度此前月份、季度累计已经预缴的企业所得税额。

11.第 14 行填报按照税收规定的特定业务已经预缴(征)的所得税额。

中华人民共和国企业所得税月(季)度预缴纳税申报表(A 类)

税款所属时间:　　年　月　日至　年　月　日

纳税人识别号:

纳税人名称:　　　　　　　　　　　　　　　　　　　金额单位:元至角分

预缴方式	按照实际利润额预缴	
企业类型	一般企业	
预缴税款计算		
行 次	项 目	累计金额
1	营业收入	
2	营业成本	
3	利润总额	
4	加:特定业务计算的应纳税所得额	
5	减:不征税收入	
6	减:免税收入、减计收入、所得减免等优惠金额(填写 A201010)	
7	减:固定资产加速折旧(扣除)调减额(填写 A201020)	
8	减:弥补以前年度亏损	
9	实际利润(3+4-5-6-7)/按照上一纳税年度应纳税所得额平均额确定的应纳税所得额	
10	税率(25%)	0.25
11	应纳所得税额(9×10)	
12	减:减免所得税额(填写 A201030)	
13	减:实际已缴纳所得税额	
14	减:特定业务预缴(征)所得税额	
15	本期补(退)所得税额(11-12-13-14)/税务机关确定的本期应纳所得税额	
汇总纳税企业总分机构税款计算		

续表

16		总机构本期分摊应补（退）所得税额（17+18+19）	
17	总机构填报	其中：总机构分摊应补（退）所得税额（15×总机构分摊比例 0.00%）	
18		财政集中分配应补（退）所得税额（15×财政集中分配比例 0.00%）	
19		总机构具有主体生产经营职能的部门分摊所得税额（15×全部分支机构分配比例 0.00%×总机构具有主体生产经营职能部门分配比例 0.00%）	
20	分机构填报	分支机构本期分摊比例	
21		分支机构本期分摊应补（退）所得税额	
附报信息			
22	小型微利企业	否	科技型中小企业　　　否
23	高新技术企业	否	技术入股递延纳税事项　　　否
24	期末从业人数		

谨声明：此纳税申报表是根据《中华人民共和国企业所得税法》、《中华人民共和国企业所得税法实施条例》和国家有关税收规定填报的，是真实的、可靠的、完整的。

法定代表人（签字）：　　　　　　　　　　　　　年　　月　　日

纳税人公章： 会计主管：	代理申报中介机构公章： 经办人： 经办人执业证件号码：	主管税务机关受理专用章： 受理人：
填表日期：　　年　月　日	代理申报日期：　　年　月　日	受理日期：　　　年　月　日

图 5-17

（二）年度纳税申报

企业自年度终了之日起 5 个月内，向税务机关报送企业所得税年度纳税申报表，其中企业所得税年度纳税申报基础信息表、中华人民共和国企业所得税年度纳税申报表（A 类）为必填表。企业应当根据实际情况选择需要填报的表单后向税务机关办理年度企业所得税纳税申报，提供税务机关要求提供的有关资料，结清全年企业所得税税款。

企业所得税年度纳税申报表

表单编号	表单名称	是否填报
A000000	企业所得税年度纳税申报基础信息表	✓
A100000	中华人民共和国企业所得税年度纳税申报表（A 类）	✓
A101010	一般企业收入明细表	
A101020	金融企业收入明细表	

续表

A102010	一般企业成本支出明细表	
A102020	金融企业支出明细表	
A103000	事业单位、民间非营利组织收入、支出明细表	
A104000	期间费用明细表	
A105000	纳税调整项目明细表	
A105010	视同销售和房地产开发企业特定业务纳税调整明细表	
A105020	未按权责发生制确认收入纳税调整明细表	
A105030	投资收益纳税调整明细表	
A105040	专项用途财政性资金纳税调整明细表	
A105050	职工薪酬支出及纳税调整明细表	
A105060	广告费和业务宣传费跨年度纳税调整明细表	
A105070	捐赠支出及纳税调整明细表	
A105080	资产折旧、摊销及纳税调整明细表	
A105090	资产损失税前扣除及纳税调整明细表	
A105100	企业重组及递延纳税事项纳税调整明细表	
A105110	政策性搬迁纳税调整明细表	
A105120	特殊行业准备金及纳税调整明细表	
A106000	企业所得税弥补亏损明细表	
A107010	免税、减计收入及加计扣除优惠明细表	
A107011	符合条件的居民企业之间的股息、红利等权益性投资收益优惠明细表	
A107012	研发费用加计扣除优惠明细表	
A107020	所得减免优惠明细表	
A107030	抵扣应纳税所得额明细表	
A107040	减免所得税优惠明细表	
A107041	高新技术企业优惠情况及明细表	
A107042	软件、集成电路企业优惠情况及明细表	
A107050	税额抵免优惠明细表	
A108000	境外所得税收抵免明细表	
A108010	境外所得纳税调整后所得明细表	
A108020	境外分支机构弥补亏损明细表	
A108030	跨年度结转抵免境外所得税明细表	
A109000	跨地区经营汇总纳税企业年度分摊企业所得税明细表	
A109010	企业所得税汇总纳税分支机构所得税分配表	

说明：企业应当根据实际情况选择需要填报的表单

图 5-18

（三）申报企业所得税

完成九龙家具有限公司 2019 年 1 月的企业所得税申报。